SECRETS D'ENFANCE

DU MÊME AUTEUR

Romans

La Vengeance du loup, Grasset, 2019.

Un homme en fuite, Laffont, 2015.

Rapaces, Le Cherche Midi, 2012 ; Archipoche, 2015.

Le Crépuscule des héros (trilogie), France Loisirs, 2010.

Fragments d'une femme perdue, Grasset, 2009.

Petit Prince du désert, Albin Michel, 2008.

J'ai tant rêvé de toi (avec Olivier Poivre d'Arvor), Albin Michel, 2007.

Disparaître (avec Olivier Poivre d'Arvor), Gallimard, 2006.

La Mort de Don Juan, Albin Michel, 2004 (prix Maurice Genevoix).

J'ai aimé une reine, Fayard, 2003.

Un enfant, Albin Michel, 2001 (prix des Lecteurs du Livre de Poche).

L'Irrésolu, Albin Michel, 2000 (prix Interallié).

Petit Homme, Albin Michel, 1999.

La Fin du monde (avec Olivier Poivre d'Arvor), Albin Michel, 1998.

Une trahison amoureuse, Albin Michel, 1997.

Un héros de passage, Albin Michel, 1996.

Les Loups et la bergerie, Albin Michel, 1994.

La Traversée du miroir, Balland, 1986 ; Fayard, 2006.

Le Roman de Virginie (avec Olivier Poivre d'Arvor), Balland, 1985 (prix des Écrivains bretons).

Deux Amants, Lattès, 1984.

Les Enfants de l'aube, Lattès, 1982.

Suite en fin d'ouvrage

PATRICK POIVRE D'ARVOR

SECRETS D'ENFANCE

l'Archipel

Notre catalogue est consultable à l'adresse suivante :
www.editionsarchipel.com

Éditions de l'Archipel
34, rue des Bourdonnais
75001 Paris

ISBN 978-2-8098-1802-4

Avant-propos

Qu'importe ma vie! Je veux seulement qu'elle reste jusqu'au bout fidèle à l'enfant que je fus.

Georges Bernanos

De janvier 2009 à juin 2012, j'ai eu le plaisir de présenter « La Traversée du miroir » et d'y recevoir plus de trois cents personnalités – artistes, femmes et hommes politiques, écrivains, aventuriers, chercheurs – avec lesquels j'ai échangé sur le mode de la conversation.

Ces hommes et ces femmes se racontaient sans artifice, les yeux dans les yeux. Ils se confiaient, revenaient pour le téléspectateur sur un épisode délicat de leur vie, rebondissaient sur une anecdote, une photo extraite d'un album. Ainsi Ségolène Royal, qui fut élevée dans une famille très croyante, et dont le vrai prénom est Marie-Ségolène, est-elle apparue en petite fille, avec ses couettes et ses grands yeux mélancoliques, assise aux côtés de ses frères et ses sœurs. Alexandra Lamy, qui a grandi dans une famille heureuse, m'a appris qu'elle voulait devenir bergère pour garder les chèvres! Simone Veil s'est rappelée avec émotion le temps où elle s'appelait encore Simone Jacob. Mon ami Yann Queffélec, qui a traversé l'enfance entre un père absent et une mère partie trop tôt, m'a dit avoir trouvé refuge dans son admiration et son amitié pour Éric Tabarly – la mer a soigné son vague à l'âme.

Julie Gayet, Robert Badinter, Liane Foly, Jean-Louis Murat, Régine Deforges, Christine Angot, Claude Brasseur et même Jean-Marie Le Pen : tous m'ont ouvert leur cœur et la boîte de Pandore d'où s'échappaient leurs souvenirs de l'âge le plus beau, celui de l'éducation sentimentale et des affinités électives, mais aussi des peurs irraisonnées qu'il faudra vaincre un jour. Ils sont devenus en quelque sorte le miroir de ma propre vie. Grâce à eux, j'ai engrangé plus de souvenirs que si j'avais cent ans !

Il m'est apparu au fil de leurs confidences que l'enfance est la terre de l'art et des plus belles aventures humaines. C'est au cours des jeunes années que naissent les vocations, qu'elles soient encore à l'état de rêve ou déjà profondément ancrées. Les témoignages de mes invités éveillaient en moi un écho intense. Je me rappelais le jeune garçon que j'ai été à Reims, le temps où je voulais être le Petit Prince de Saint Exupéry ou le poète Arthur Rimbaud. Me revenaient en mémoire la soif de liberté qui était alors la mienne, mes envies d'aventure. J'éprouvais à nouveau la chaleur de l'amour familial et la nécessité de s'en affranchir, de voler enfin de ses propres ailes.

Ensemble, dans les pages qui suivent, nous allons contempler le précieux pays de l'enfance. Ainsi se poursuivra la conversation.

Je les raconterai, ils me raconteront.

Ensemble, au fil de chapitres écrits d'une plume tendre, nostalgique et vivante, nous ferons de ce livre l'herbier intime de ces secrets d'enfance qui sont le sel de nos vies.

AU SOMMET DE L'ÉTAT

La mémoire est dans le cœur.

Madame de Sévigné

Je crois qu'on ne peut rien trouver de plus consolant, quand on est devenu un homme, qu'un reflet de son enfance dans les yeux d'un ancien petit garçon.

Jean Anouilh

Mes héros ont transformé le deuil de mon enfance en lancinant désir de bonheur.

Boris Cyrulnik

Je suis né le 20 septembre 1947 dans une France libérée que domine encore l'ombre du général de Gaulle. C'est le premier homme politique que j'aie admiré. C'était un guerrier, un résistant, un visionnaire. Après avoir rendu au pays sa fierté et son honneur, il s'était retiré sur ses terres à Colombey-les-Deux-Églises. Mais il reviendrait en 1958. Certains ont évoqué un «putsch»; c'était oublier que les faits d'armes du Général témoignaient en sa faveur et que son caractère, forgé depuis l'enfance, était un outil majeur mis au service de la France.

La Ve République allait naître. J'avais onze ans. Pouvais-je imaginer que la politique prendrait place au cœur de ma vie par les hommes et les femmes qui la font, et que je les côtoierai sur plusieurs générations?

Un aveu: j'en rêvais.

Le journalisme était déjà établi en moi. Le grand reportage m'attirait. J'avais envie de rencontrer les grands de ce monde aussi bien que les gens de peu. C'était ma façon de m'inscrire dans une tradition familiale.

Ma grand-mère maternelle, Marie Nore, d'origine paysanne, aimait, tout comme son mari, écrire aux grands hommes. C'était pour elle une marque d'attention et de respect.

En 1965, l'année de mes dix-huit ans, elle décida sans m'en parler d'écrire à Valery Giscard d'Estaing et à François Mitterrand. Elle souhaitait les entretenir d'un sujet important à ses yeux: moi-même, son petit-fils!

Je n'en revenais pas. Aujourd'hui encore, impossible de repenser à cet épisode sans sourire. J'ai retrouvé dans mes archives une copie de la lettre envoyée par ma grand-mère :

Patrick n'est pas un scientifique de notre temps, il a donc un avenir assez borné. Il connaît l'allemand, l'anglais, le russe, le polonais et le serbo-croate. Il a énormément lu et je crois que peu d'auteurs lui sont inconnus. Vous allez peut-être me trouver un peu osée de m'adresser ainsi à vous, mais il me semble que c'est un devoir pour notre pays que d'aider à la sauvegarde de certains cerveaux aptes à prendre un jour la relève et je sais que vous me comprendrez.

Ni Giscard d'Estaing ni Mitterrand n'ont répondu. Des années plus tard, je les ai rencontrés. Chacun d'eux était devenu président de la République et moi devenu journaliste. Je me suis bien gardé d'évoquer l'orgueil de ma grand-mère ou leur manque d'intuition !

J'ai raconté, dans un précédent ouvrage[1] mes rencontres avec ces grands hommes d'État qu'ont été Valery Giscard d'Estaing et François Mitterrand. J'ai dit leurs lumières et leurs parts d'ombre.

J'ai également levé le voile sur certains aspects de mes relations professionnelles et privées avec leurs successeurs Jacques Chirac et Nicolas Sarkozy.

Jacques Chirac : sa rencontre à Science Po avec une jeune fille fort sage, Bernadette Chodron de Courcel, a bouleversé sa vie. Elle a canalisé son souffle, une énergie et une générosité de chaque instant ; elle lui a apporté la rigueur nouvelle qui devait le hisser au sommet de l'État.

1. *Seules les traces font rêver*, Robert Laffont, 2013.

Nicolas Sarkozy : l'éternel jeune homme pressé, une manière d'effigie moderne qu'un Paul Morand aurait su croquer sur le vif. Un jour que je l'interrogeais en marge de son premier G8 comme président, je l'ai comparé à un petit garçon tout excité de faire son entrée dans la cour des grands. Il ne m'a jamais pardonné cette remarque ! C'est pourtant l'impression qu'il m'avait donnée. Et je ne suis pas le seul à l'avoir ressentie.

Enfance et adolescence sont les moteurs de nos destins. « Je suis de mon enfance comme je suis d'un pays », disait Saint Exupéry.

Je suis persuadé que tout part de nos jeunes années, avant le basculement dans l'âge adulte.

Simone Veil

Voilà sans doute la personnalité politique dont je me suis senti le plus proche, jusqu'à ce qu'elle devienne, au fil du temps, une amie. Ce qui n'est pas facile quand on est journaliste et qu'on se méfie de toute forme de connivence.

Cette femme d'exception m'en a offert une éclatante démonstration, un de ces exemples qui ont le pouvoir de sauver une part d'humanité – comme la beauté, selon Dostoïevski, avait le pouvoir de sauver le monde.

Simone Veil est une icône, une militante. Simone Veil est une conscience. Une femme. Elle est devenue immortelle. Son enfance fut heureuse et son adolescence, douloureuse. Elle demeure à jamais une femme debout, en mouvement ; une femme juste et admirable, revenue d'entre les morts.

La première question que j'ai eu envie de lui poser en l'accueillant dans l'émission est la suivante : « Vous souvenez-vous de la petite Simone Jacob ? » Ses yeux plongés dans mes yeux, elle a répondu sans une hésitation.

Son enfance lui avait laissé de nombreux souvenirs. Elle était la cadette d'une famille juive non pratiquante où l'on menait une vie simple. Originaires de Lorraine, les Jacob s'étaient installés à Nice au mitan des années 1920. Le père, André, fort d'un second prix de Rome en architecture, avait considéré Nice et la Côte d'Azur comme une aubaine professionnelle. Hélas ! la crise de 1929 le contraint à revoir ses plans. La famille adopte un train de vie plus humble qui n'empêche pas la petite Simone de continuer à jouir d'un bonheur insouciant auprès de son père, de sa mère et de ses trois frère et sœurs. « Heureux comme Dieu en France ! » proclamait un dicton yiddish au XIXe siècle, époque où la France était devenue la première nation d'Europe à permettre aux juifs d'accéder au rang de citoyens libres.

Ainsi qu'elle me l'a avoué avec un sourire, Simone fut une petite dernière « turbulente », mais aussi, comme c'est souvent le cas, gâtée par sa maman et résolue à en profiter ! En classe, m'a-t-elle dit également, elle était bonne élève. Et d'ajouter discrètement, d'un air amusé : « Quand ça m'intéressait... »

Elle se souvenait d'avoir été une écolière qui n'avait pas sa langue dans sa poche et qui ne craignait pas l'adversité. C'est au cœur de cette enfance heureuse et insouciante qu'elle a appris et compris ce que cela signifiait d'être juive.

Quelques années avant la guerre, à l'école primaire, une camarade l'apostrophe : « Ta mère ira en enfer parce que tu es juive ! » Simone n'est ni choquée ni blessée. Ce qui domine en elle, à ce moment-là, c'est l'incompréhension. Et c'est très probablement avec une expression pleine de candeur qu'elle demande à sa mère ce que c'est qu'« être juive ».

Telle est la seule insulte que Simone Veil aura à subir durant sa scolarité ; rétrospectivement, l'offense représente peu de chose, comparée à ce qui l'attendait.

Le premier « Statut des juifs » ayant été promulgué en octobre 1940, André Jacob décida de se plier aux démarches administratives, ce qui eut pour conséquence de lui faire perdre son emploi. Simone, son frère et ses sœurs furent envoyés quelque temps chez un oncle et une tante établis près de Carcassonne. Mais lors du retour à Nice, la famille dut affronter un climat antijuif de plus en plus violent.

La fin de l'année 1942 marque une rupture. Nice n'étant plus en zone libre, les juifs ont l'obligation de faire apposer un tampon sur leurs papiers d'identité et leurs cartes d'alimentation. La situation devient vite intenable. Les Jacob se procurent de faux papiers. Ils ne s'appelleront plus «Jacob», mais «Jacquier». En fait, comme Simone Veil le comprendra plus tard, il s'agit d'une manœuvre, d'un piège fomenté par l'occupant lui-même.

La situation prend une tournure très dangereuse à l'automne 1943 : un armistice étant désormais signé entre l'Italie et ses alliés, Nice et la Côte d'Azur passent sous contrôle allemand et les persécutions, partout, s'intensifient. La famille de Simone se retrouve dispersée chez divers amis niçois ; Simone elle-même est hébergée chez sa professeure de lettres classiques.

Pour elle, l'année 1944 est celle du «bachot». Les épreuves, me dit-elle, ont été avancées. La jeune fille a seize ans. Elle se prépare à fêter avec des amis la fin de l'examen. C'est alors qu'elle est contrôlée par la Gestapo et arrêtée. Suit un bref passage au camp d'internement de Drancy. En avril, elle est déportée à Auschwitz-Birkenau avec Yvonne, sa mère, et Madeleine, sa sœur aînée. Son autre sœur, Denise, âgée de vingt ans, est entrée dans la Résistance un an plus tôt : elle sera déportée à Ravensbrück, puis à Mauthausen. Son frère Jean, dix-neuf ans, et son père André seront déportés en Lituanie. Seules les trois sœurs survivront aux camps de la mort.

J'ai interrogé Simone Veil sur ce point et sa réponse m'a bouleversé, tant elle était chargée d'émotion : « La chance. » Réaction puissante, pleine de retenue et de pudeur.

L'arrestation de Simone intervient alors que l'hiver est passé : dans les camps, la mortalité avait quelque peu diminué. Et puis Simone faisait plus que son âge. Elle en était consciente. Ce qu'elle ignorait, c'est que cette maturité allait lui sauver la vie.

Sa route a croisé celle d'un déporté français dont la besogne consistait à orienter vers les SS, donc vers une mort certaine, les nouveaux arrivants à leur descente des wagons plombés. Et cet homme avait pour elle un conseil : « Dites que vous avez plus que votre âge. »

C'est ainsi qu'elle passa la sélection et évita l'extermination immédiate.

Marquée du matricule 78651, Simone est envoyée au travail forcé. Et cette fois, c'est sa beauté qui la sauve. Une ancienne prostituée devenue kapo tombe sous son charme et lui dit : « Tu es trop belle pour mourir. »

Elle mute la prisonnière à Bobrek, une annexe d'Auschwitz, non loin du camp principal. Simone demande aussitôt que sa mère et sa sœur bénéficient du même traitement, ce qui lui est accordé.

Plus tard, alors que les Russes se rapprochent, les SS paniqués décident d'évacuer le camp et de prendre la fuite. Vient ensuite la tristement célèbre « marche de la mort », au cours de laquelle les prisonniers doivent gagner à pied, sous la menace des fusils, le camp de Bergen-Belsen. Yvonne, la mère de Simone, y mourra du typhus. Madeleine, sa sœur, atteinte elle aussi, est sauvée *in extremis* par l'arrivée des Alliés.

Elle m'a parlé de cette coupure de presse sur laquelle elle était tombée au camp de Bergen-Belsen : un article qui relatait le débarquement allié en Normandie. Une lueur d'espoir avait brillé.

Simone et Madeleine sont libérées en avril 1945. Les prisonniers de guerre ont apporté leur soutien aux déportés, plaidé pour leur retour.

À quoi tient la vie, pensais-je en écoutant le récit de Simone, saisi par ses regards, ses silences. Combien d'enfants et d'adolescents avaient déjà péri ? Elle, elle vivrait. Peut-être même accomplirait-elle son destin avec encore plus d'intensité, de détermination et d'amour.

Après la survie, la vie. À l'hôtel Lutetia, transformé par le général de Gaulle en centre d'accueil pour les déportés, Simone prend connaissance des résultats du baccalauréat passé un an auparavant : elle est admise. « Quelle chance… » Ce mot, encore une fois, chargé d'un poids si douloureux.

Que serait-elle devenue, en effet, sans ce diplôme ? La vie d'après était désormais possible. Peut-être parce qu'elle n'avait pas rompu avec la vie d'avant. Avec les années d'avant l'indicible épreuve.

Raconter ce qu'elle avait traversé n'était pas chose impossible pour Simone Veil, même si elle n'en était pas coutumière. C'était juste insupportable à entendre pour les proches. Sans parler de ceux pour qui ce n'était même pas intéressant. Car dans cette France que de Gaulle entendait réconcilier avec elle-même, certains jugeaient plus simple de fermer les yeux et les oreilles sur ce qui s'était *vraiment* passé.

La parole se libérera dans la compagnie des sœurs et des frères de souffrance. Et cette parole de mort permettra à la vie de renaître. « Il fallait parler, m'a dit Simone Veil. Il fallait dire l'horreur. »

Une nécessité s'imposait : le récit de l'insoutenable vérité. « Pour refaire les choses », disait-elle aussi.

Par la suite, avec la détermination de ceux qui ont survécu, elle ne cessera jamais de se battre pour ce qu'elle pensera être juste, en puisant sa force dans une enfance marquée par l'amour et la haine, l'insouciance et la mort.

Cette même énergie opérera le 26 novembre 1974. Simone Veil, à la tribune de l'Assemblée nationale, plaide ce jour-là pour la dépénalisation de l'avortement. Et sa cause triomphe. En dépit de l'adversité, en dépit des insultes venues de son propre camp politique, en dépit des menaces proférées par l'extrême droite. En dépit des crachats et des sarcasmes.

Jean d'Ormesson ne s'y trompera pas. Le 18 mars 2010, au moment d'accueillir Simone Veil à l'Académie française, ce qu'il célèbre dans son discours, c'est une femme d'exception.

Et cette femme d'exception repose désormais au Panthéon de la République.

Ségolène Royal

La République, l'amour de la République… N'est-ce pas ce qui fait le lien, au-delà du temps et des choix politiques, entre Simone Veil et Ségolène Royal ? L'une et l'autre incarnent la ténacité ; toutes deux ont su faire vivre leurs convictions en dépit du peu de place réservé aux femmes, de nos jours encore, par la classe politique.

Ségolène est un joli prénom. C'est ainsi que l'appellent ceux qui l'aiment, ceux qui ne l'aiment pas trop et ceux qui la détestent. Ainsi que l'on s'adresse à elle dans la rue, dans les meetings et sur les plateaux de télévision. Les humoristes eux-mêmes s'en sont emparés – et souvent avec talent. Pourtant, ce n'est pas le prénom qui lui fut donné à sa naissance à Ouakam, au Sénégal. Son nom de baptême est Marie-Ségolène. Avec les années, elle a tenu à le simplifier. On voit déjà dans ce choix l'expression d'un caractère indépendant, d'un désir d'affirmer sa liberté.

J'ai gardé en mémoire le souvenir de ce jour de mars 2009 où nous avions rendez-vous. Elle était rayonnante. La campagne de 2007 pour la présidentielle avait été particulièrement rude, mais elle avait récupéré de cette épreuve. De même, sa séparation d'avec François Hollande était derrière elle. Avait-elle retrouvé le bonheur ? Je le crois. En tout cas, c'est ce que j'ai immédiatement ressenti. La femme que j'avais devant moi dégageait une douceur que je lui avais rarement connue. En tout cas pas pendant la campagne présidentielle, où nous avions ferraillé tous les deux sur les plateaux de télévision, puis après le débat de l'entre-deux-tours que j'avais animé avec Arlette Chabot. Son regard était plein de légèreté. Le sourire était éclatant, généreux. Ségolène Royal, ce jour-là, était touchante. Touchante comme une femme qui aime et se sait aimée. Comme une petite fille.

La photographie qu'elle m'a montrée la représentait d'ailleurs en fillette : cheveux noués, jolie robe cousue par maman. Elle était au centre de l'image, au cœur d'une fratrie de huit frères et sœurs. Elle m'a dit en considérant ce cliché qu'elle se souvenait d'une enfance heureuse, d'une famille unie, de parents aimants. Elle décrivait les choses ainsi : « Maman était attentive. Mon père, militaire de carrière, était lieutenant-colonel dans la Marine. Autorité, amour, justice : voilà les trois piliers sur lesquels reposait sa vision de l'éducation. Avec le recul, cette vision a été une chance pour moi… »

Non que la petite Ségolène fût une enfant turbulente ! Bien au contraire.

Je lui demande : « Pourquoi une chance ? »

Elle précise alors : « Parce que ce sont les fondamentaux qui m'ont été transmis, sur lesquels j'ai pu m'appuyer pour bâtir ma propre existence. »

Elle raconte avoir grandi à l'école de la fermeté et de la bienveillance. Si elle sortait du rang, la punition tombait ; inversement, une bonne note et des résultats satisfaisants étaient synonymes de récompense. Dans un cas comme dans l'autre, tout était toujours parfaitement équitable. C'est que rien ne devait compromettre l'équilibre qui régnait entre frères et sœurs.

En fin de compte, Ségolène Royal parle d'une enfance épanouissante, au gré des affectations de son père : Ouakam, Fort-de-France, Chamagne, Charmes et enfin Nancy. Faut-il parler d'une *enfance française* ? Sans doute. Car comme la France elle-même, Ségolène habite une identité chère à Paul Valéry : profondément rurale et enrichie en même temps par sa propre diversité, par son ouverture au monde.

Comme elle me l'a confié franchement : « C'est cette richesse qui a nourri la première partie de mon existence. Fille de militaire en poste, j'ai grandi dans le respect de l'autre. La femme que j'allais devenir doit énormément à la compagnie des Sénégalais, des Ultramarins, des Mosellans, des Vosgiens… »

Elle s'interrompt, puis ajoute : « L'existence est une construction permanente de ce que nous sommes. »

Et cette existence a fini par la conduire à faire acte de candidature à la présidence de la République. Que de rencontres pour en arriver là ! Que de parrainages et d'encouragements ! Mais que d'obstacles aussi… Une détermination était à l'œuvre chez cette femme qui se définit, non sans fierté, comme un pur produit de l'école républicaine.

« C'est là, dit-elle, sur les bancs de l'école républicaine, que j'ai compris une chose très importante. Pour échapper à un destin dont on ne veut pas – le destin de l'épouse cantonnée aux tâches ménagères, par exemple –, il faut commencer par travailler en classe ! D'ailleurs, j'étais une bonne élève. Quand la classe était finie, j'étais malheureuse… »

Elle a connu les instituteurs et les professeurs à une époque où ils étaient encore ces « hussards de la République » si chers à Charles Péguy. C'étaient moins des *enseignants* que des *maîtres* chargés d'une mission. Leur vrai rôle consistait à transmettre les fondamentaux : non seulement le calcul et l'écriture, mais le sens de l'honnêteté, de la justice, de la rigueur et du travail bien fait. Ce sont ces valeurs-là, ces principes-là que Ségolène Royal a assimilés. Elle les a faits siens pour mieux les transmettre à son tour. Ils lui ont servi de guide dans toutes les charges qu'il lui a été donné d'occuper ; ils n'ont cessé de dessiner une ligne de vie qui lui est propre.

Dès le début du premier septennat de François Mitterrand, elle entre à l'Élysée comme conseillère. Elle occupera cette fonction pendant sept ans. C'est le poste d'observation rêvé pour qui souhaite étudier le fonctionnement non seulement du gouvernement, mais de l'appareil d'État lui-même. Ainsi, l'ex-bonne élève bien résolue à réussir continue d'apprendre. Et le président Mitterrand est pour elle un véritable père spirituel.

Quand j'ai demandé à Ségolène ce qu'il lui avait apporté, elle a répondu : « Nos origines rurales nous rapprochaient. À son contact, j'ai développé une conception du politique fondée sur l'observation et l'écoute. Sur la détermination aussi. Il m'a appris également à accorder la plus grande importance au temps. Et enfin, et surtout, l'impératif d'être libre. »

La liberté, toujours…

À la naissance de sa fille Flora, elle a décidé de nous ouvrir sa porte. En général, les accouchées se font tirer l'oreille avant de laisser les caméras débarquer chez elles ! Mais j'étais prévenu. Quand elle était ministre, elle m'avait téléphoné pour en parler. Savoir faire et faire savoir, souci de transparence et de modernité, elle demandait à être filmée. Bien sûr, nous avons opéré avec tout le tact nécessaire, notamment grâce à l'intelligence de ma consœur Florence Schaal. Pourtant, ce reportage n'a pas été bien perçu à l'époque. En dépit des grincheux, Ségolène était heureuse de son choix. Heureuse et fière ! N'était-elle pas la première femme ministre à avoir montré que les hautes fonctions n'étaient pas incompatibles avec une maternité épanouie ?

Plus tard, apprenant que Ségolène Royal annonçait sa candidature à la fonction suprême, Laurent Fabius aurait persiflé en *off* : « Qui va garder les enfants ? » Il aurait voulu la piquer au vif, il ne s'y serait pas pris autrement ! Cette remarque, qu'elle soit vraie ou fausse, n'a fait qu'affermir la résolution de la candidate. Et pendant la primaire du Parti socialiste, on a vu qu'elle n'avait aucune intention de faiblir dans la défense de ses valeurs et de ses ambitions. S'affranchir des codes ? C'était justement sa marque de fabrique. Être libre et indépendante ? C'était son idéal. Sa conduite n'était pas du goût de certains ? Elle n'en avait cure.

Puis est venu le soir de la défaite – le dimanche 6 mai 2007, le fameux second tour… Comme beaucoup, je la revois en compagnie de François Hollande, derrière les vitres du Parti socialiste, rue de Solférino. Ils sont assis face à face – image saisissante, chargée de sens. Selon toute vraisemblance, elle explique au Premier secrétaire – qui est encore son compagnon – qu'elle n'a aucune intention de s'arrêter en si bon chemin, que rien n'arrêtera son désir de renouveler ce parti.

La campagne et l'élection n'ont pas marqué la fin, mais le début d'une vie nouvelle. Elle a un geste de la main qui ne laisse aucun doute sur son état d'esprit – qui d'ailleurs résume ce qu'elle est depuis son plus jeune âge quand survient une épreuve, aux lendemains qui déchantent ou dans les victoires.

À ce moment-là, rien, absolument rien ne laisse prévoir ce qui arrivera cinq ans plus tard : François Hollande, son ex-compagnon, deviendra le vingt-quatrième président de la République française.

François Hollande

Durant la campagne, pendant l'élection de 2012 et bien sûr tout au long de son quinquennat, on a beaucoup écrit sur François Hollande. Il est même arrivé que l'on s'intéresse davantage à l'homme qu'au politique, à sa psychologie profonde plus qu'à sa gouvernance. La raison en est évidente : François Hollande est sans doute une des personnalités les plus pudiques du paysage français des vingt dernières années. Je lui ai fait cette observation dès le début de notre entretien. En effet, des sept présidents que j'avais eu la chance de pouvoir approcher ou côtoyer, celui-là demeurait à mes yeux le plus énigmatique.

Combien ont essayé de le percer à jour !

L'homme se livre peu. Il excelle dans l'art de l'esquive. Il feint la candeur. Il fait de l'humour un usage immodéré, ayant toujours à cœur de se montrer sûr de lui et d'afficher un optimisme sans faille.

Pour le connaître depuis vingt-cinq ans, je n'ignorais pas qu'il avait une grande maîtrise du contrepied... Aussi n'ai-je pas été surpris quand, parlant de son enfance heureuse en Normandie, il m'a confié qu'il avait eu, jeune garçon, une passion pour le football. Au point d'envisager d'en faire son métier. Joueur au F. C. Rouen, il a rêvé d'une carrière professionnelle. Mais plusieurs matchs perdus, les obligations universitaires et, sans doute, une touche de bon sens l'ont convaincu de prendre une autre voie.

Écrivant aujourd'hui ces lignes, je ne puis m'empêcher de sourire à l'idée que cette décision l'aura vacciné contre l'échec – l'échec personnel, mais aussi en équipe.

Quand nous nous sommes rencontrés, à l'hiver 2009, dans le cadre de mon émission, il m'est apparu plus déterminé et serein que jamais. Il savait – il me l'a dit – qu'il devait se préparer à porter les couleurs de la gauche à la présidentielle de 2012. Un simple coup d'œil sur son parcours, sur les responsabilités qu'il avait occupées et sur sa vision de la France permettait de comprendre que cette candidature n'était rien d'autre, pour lui, qu'un appel du devoir. Et peut-être aussi une façon de se rappeler au souvenir de son ex-compagne qui avait pris tout le monde de court, lui le premier, en se présentant à l'élection suprême.

Selon moi, il était animé par cette « force tranquille » que nous avons coutume d'associer à l'un de ses prédécesseurs, François Mitterrand. Il n'y avait pas de place, chez lui, pour le doute. Je suis sorti de l'interview convaincu que cet homme-là pouvait gagner. J'avais le sentiment d'avoir rencontré un de ces sportifs de haut niveau qui refusent d'envisager l'échec.

Trente mois plus tard, le suffrage universel lui donnait raison.

Puis est venu décembre 2016 et sa décision de n'être pas candidat à sa propre succession ; et là encore, c'est le refus d'envisager l'échec qui jouait à plein dans son choix. Choix qu'il regrette aujourd'hui.

Pour ce qui s'est passé entre ces deux moments de sa carrière, nous devrons nous en remettre au jugement de l'Histoire.

Xavier Bertrand

Avec Xavier Bertrand, nous avons affaire, si j'ose dire, à une tout autre sorte de rondeur ! « Une rondeur assumée », me dit-il avec ce sourire empreint d'une vague tristesse qui lui échappe si souvent.

On devine qu'elle ne l'a pas toujours été. Pour un enfant, pour un adolescent, l'embonpoint n'est pas facile à vivre. Xavier Bertrand a mis du temps à s'accepter. « À accepter le fait que je ne serai jamais mince comme vous », fait-il observer avec humour. Et à en faire, peut-être, une force.

Car derrière la bonhomie et une voix particulièrement douce, derrière le calme de façade, bouillonne un être passionné, combatif, plein d'idées nouvelles, animé de très bonne heure par une volonté puissante : être indépendant.

Sa maman était employée de banque et son père, cadre à la Société générale. « À la maison, me dit-il, on ne parlait pas politique. C'était même une rareté, une famille si peu intéressée par la chose publique ! »

Ses parents s'emploient à nourrir l'autonomie de leur fils. Jeune homme, ayant la passion de la moto, il travaillera pour pouvoir s'offrir l'engin de ses rêves.

Quand on se penche sur sa jeunesse, on trouve le football. Les posters qui tapissaient les murs de sa chambre étaient ceux de Rocheteau et de Platini, les Verts de Saint-Étienne. Mais il y avait aussi les Hollandais Neeskens et Cruyff qui représentaient le beau jeu flamboyant. Ces sportifs-là étaient des «artistes du ballon rond», dit Xavier Bertrand, qui reprend l'expression consacrée et avoue dans la foulée que tel était son rêve de jeunesse : être un artiste. Je pense à *Starmania*, l'opéra-rock de Michel Berger et Luc Plamondon. Et mon interlocuteur d'ajouter : «J'aurais aimé être acteur, changer de peau tous les jours.»

Du reste, il a pratiqué le théâtre en amateur. Quand je lui demande quel est le rôle qui l'a le plus marqué, il répond : «Celui d'un journaliste.» Cette profession aussi s'était mise à l'attirer. Au point de chasser le désir de jouer la comédie. Il ajoute alors : «Finalement, ce sera la politique. Trente ans de vie politique ! Une carrière à laquelle rien ne me destinait.»

Le déclic se produit en 1981 avec l'élection de Mitterrand. Comme nombre de Français, le jeune Xavier Bertrand est devant son poste de télévision. Il ne partage pas la liesse populaire qui se déploie à l'écran. Pourtant, la joie qu'il lit sur les visages le touche. D'autre part, il ressent une forme d'impuissance et éprouve des émotions qu'il peine à analyser. Au fond, ce qui le gêne, c'est d'être spectateur. À ce moment précis, une décision se fait jour : il va s'engager.

Quelques semaines plus tard, lors d'un voyage à Paris avec son père, il visite l'Hôtel de Ville et le Sénat où il fait connaissance avec Jacques Braconnier, un homme qui sert la République depuis l'âge de seize ans. Ancien jeune résistant, maire de Saint-Quentin, sénateur de l'Aisne, Braconnier est une des figures du gaullisme social. Il joue désormais un rôle national. Il propose à l'adolescent de lui rendre visite à Saint-Quentin. Xavier Bertrand évoque cette rencontre avec une émotion perceptible : « Jacques Braconnier est devenu mon mentor. »

Le jeune enthousiaste attaque la vie politique en tant que militant. Il s'inscrit au RPR où il occupera diverses responsabilités, comme par la suite à l'UMP. Il sera aussi assistant parlementaire. Puis élu de la nation.

Sa carrière et sa vie sont marquées par le tournant de 2015. Candidat dans le Nord aux élections régionales, il l'emporte contre Marine Le Pen grâce au désistement du candidat socialiste qui se prononce en sa faveur. Dès lors, il enfile le costume de l'homme d'État et cherche à s'élever au-dessus des calculs politiciens. Une volonté s'affirme en lui : dépasser le traditionnel clivage droite-gauche. Cette mue se confirmera en 2017, quand il décidera de quitter le parti Les Républicains après la défaite de François Fillon au premier tour de la présidentielle.

Quand je l'ai reçu dans mon émission, il apparaissait comme la valeur montante d'une droite moderne, porteuse d'un gaullisme social, qui s'était révélée sous la présidence de Nicolas Sarkozy.

Étonnante évolution. Et quel parcours, pour quelqu'un qui n'a fait ni l'Ena ni les grandes écoles ! Et dont on s'est parfois moqué pour cette raison. Xavier Bertrand se définit lui-même comme un homme de terrain qui s'est passionné pour la politique dès l'adolescence.

À l'heure où j'écris ces lignes, il préside le conseil régional des Hauts-de-France et brûle, sans le dire, de se présenter à l'élection présidentielle de 2022. La politique lui a permis de s'affranchir d'un milieu familial qui l'aurait probablement conduit à épouser peu ou prou une carrière similaire à celle de ses parents.

Robert Badinter

Il est des hommes qui traversent l'Histoire, d'autres qui l'accompagnent et un certain nombre qui la font. Quelques-uns seulement en modifient le cours et permettent à l'humanité de grandir, de s'améliorer. Robert Badinter est de ceux-là.

De tous les combats qu'il a menés, l'abolition de la peine de mort en France restera sans nul doute, à ses yeux, le plus grand, le plus nécessaire et le plus émouvant. Parce que ce fut le combat de la justice pour l'Homme. Parce qu'il consacre la victoire de l'humanité.

Je me rappelle comme si c'était hier le 17 septembre 1981. Je présentais le journal télévisé d'Antenne 2. Les mots du Garde des Sceaux résonnaient de toute leur force et de leur justesse : « Ceux qui veulent une justice qui tue, ceux-là sont animés par une double conviction. La première, c'est qu'il existe des hommes totalement coupables, c'est-à-dire des hommes totalement responsables de leurs actes. Et la deuxième, c'est qu'il peut y avoir une justice sûre de son infaillibilité, au point de dire que celui-là peut vivre, et que celui-là doit mourir. Eh bien, arrivé à cet âge de ma vie, l'une et l'autre affirmation me paraissent également erronées. Aussi terribles, aussi odieux que soient leurs actes, il n'est point d'hommes en cette terre dont la culpabilité soit totale, et dont il faille pour toujours désespérer totalement. Et quant à la justice, aussi prudente soit-elle, aussi mesurés, angoissés que soient les hommes et les femmes qui jugent, rien ne peut changer que cette Justice soit humaine, et par conséquent faillible. »

Une même puissance de conviction, un même ardent désir de justice animeront Robert Badinter deux ans plus tard, quand il apprendra l'extradition vers la France du criminel de guerre Klaus Barbie. Selon lui, l'affaire, telle qu'elle se présentait, était d'une grande simplicité. Il ne pouvait y avoir le moindre doute. Je l'entends encore me dire avec calme : « Barbie est coupable de crime contre l'humanité. Il ne peut qu'être jugé. » Klaus Barbie, le boucher de Lyon ! L'homme qui avait ordonné la rafle dite de la rue Sainte-Catherine, l'opération dans laquelle avait été pris Simon Badinter, son père.

En 1943, alors que Robert n'a que quinze ans, Simon est déporté au camp d'extermination de Sobibor. Ni Robert ni son frère Claude ne seront jamais avisés officiellement de sa mort. Robert Badinter m'a confié : « Aujourd'hui encore, il m'arrive de rêver qu'il revient. Comme si l'absence, après avoir nourri la conscience et l'imaginaire dans l'espoir d'un retour, nous attachait à maintenir en vie, au plus profond de nous-mêmes, les êtres qui nous sont chers. »

Simon Badinter était originaire de Bessarabie, comme s'appelait alors l'actuelle Moldavie. Il avait participé à la révolution d'Octobre avant de quitter la Russie en 1919, à l'âge de vingt-quatre ans, pour fuir une violence qu'il ne supportait plus. Cette violence qu'il avait subie pendant la Première Guerre mondiale et qui se répandait à nouveau avec la guerre civile. C'est toujours Robert, son fils, qui parle : « Il était blessé dans ses rêves de jeune homme, blessé dans son idéal. »

Simon Badinter avait choisi sa terre d'exil : la France. Parce que la France, c'était la République française. Il comptait parmi ces immigrés dont on mesure mal aujourd'hui l'amour qu'ils portaient à notre pays, à notre République. Ces gens étaient animés par un absolu désir d'intégration. « C'était au point, dit Robert Badinter, que nous n'avions pas le droit de parler russe à la maison ! Notre père nous l'interdisait. »

Robert Badinter et son frère Claude ont grandi dans cet amour de la France, entourés de parents aimants. La famille tenait un atelier de confection rue Richer, dans le IXe arrondissement de Paris, un quartier où s'était développée depuis le XIXe siècle une petite industrie artisanale et où s'établissaient nombre de juifs venus d'Europe centrale. Beaucoup de ces réfugiés devenaient fourreurs. Subsistent encore, ici et là, des signes témoignant de cette époque : l'enseigne délavée d'un tailleur, d'un commerce casher, d'une librairie, l'entrée d'une ancienne synagogue.

(On peut s'en délecter en revoyant *Le Cinéma de papa*, le film autobiographique de Claude Berri, dont l'action se déroule dans l'après-guerre au cœur de ce même IXe arrondissement. L'histoire suit les traces du jeune Claude Langmann, le fils d'un fourreur du Faubourg-Poissonnière incarné par le détonnant Yves Robert. Elle doit être lue comme un hommage délicat rendu par l'artiste à la mémoire de sa propre famille et à une nation qui passait alors, aux yeux de ses habitants en exil, pour un véritable pays de cocagne.)

De même, Robert Badinter garde le souvenir d'une enfance heureuse : les copains, les parties de billes, les séances de cinéma du jeudi après-midi. La vie alors semblait protégée contre l'horreur qui pourtant frappait à la porte, alors que les vociférations d'Adolf Hitler retentissaient dans le poste de radio familial. Mais l'antisémitisme ambiant n'échappait pas au petit Robert, même s'il n'en percevait pas encore les implications internationales. Un antisémitisme certes modéré, mais qui flottait dans l'air comme une sourde menace, jusqu'au XVIe arrondissement et au lycée Janson-de-Sailly où il poursuivait ses études et où des inscriptions à la craie ornaient les murs : « Mort à Blum, mort aux Juifs ! »

S'attardant sur cette période, il se souvient : « La guerre approchait. C'était l'évidence. En même temps, comment imaginer ce qui allait arriver ? Était-ce seulement possible ? Après la défaite de 1940, les menaces sont devenues réelles, mais comment les interpréter quand on a été élevé dans la confiance, dans le respect, dans l'amour de la France et de la République ? » Mais depuis le 10 juillet 1940, il n'y avait plus de République.

Robert Badinter dira de Simone Veil : « C'est la mère courage de notre génération. » Comme la famille Jacob, la famille Badinter devait être recensée comme juive. L'atelier de confection fut séquestré. L'objectif, désormais, était de survivre. Dès l'hiver 1941, les Badinter se réfugient à Lyon qui se trouve en zone sud. Le répit sera de courte durée. Deux ans plus tard, en mars 1943, l'adolescent Robert assistera impuissant à l'arrestation de son père.

Robert, Claude et leur mère cherchent protection dans le village de Cognin, en Savoie, sous le nom de Berthet. Une famille les accueille : les Charret. Robert est inscrit au lycée Vaugelas de Chambéry. Claude poursuit ses études de droit à l'université de Grenoble. Il en ira ainsi jusqu'à la Libération.

Est-ce dans ces années-là que Robert Badinter a décidé de vouer sa vie à la justice ? Ce qu'il a vécu alors, ce qu'il a souffert, n'est-ce pas ce qui l'a déterminé à se lancer dans un combat acharné contre l'iniquité ? N'est-ce pas dans ce village de Savoie qu'il a pris conscience d'une vérité, à savoir que l'homme peut se montrer bon ?

La Milice locale était dirigée par le tristement célèbre Paul Touvier, un collaborateur qui, des années plus tard, aurait lui aussi à répondre de crimes contre l'humanité. Le commentaire de Robert Badinter est implacable : « Il aurait suffi qu'une seule personne parle : alors c'était la fin. »

Devenu citoyen d'honneur de ce village de Cognin, il entretient des liens très forts avec ses habitants. Il leur voue une reconnaissance éternelle. Comme il me l'a raconté, il y est revenu bien des années après la guerre. C'était lors du procès Touvier, justement. Robert Badinter était président du Conseil constitutionnel. Il venait s'adresser aux enfants des écoles, leur dire combien leurs parents et grands-parents s'étaient bien comportés pendant ces années noires où l'on risquait de disparaître sur la foi d'une dénonciation. Il a dit aux écoliers : « Ces gens sont des Justes. »

Un dîner républicain a été donné, au cours duquel il a retrouvé des amis de l'époque. Il leur a offert un exemplaire de la *Déclaration des droits de l'homme et du citoyen* datant de la Révolution. Aux yeux de ce républicain acharné, il ne saurait exister plus magnifique cadeau.

Au début de notre entretien, j'ai demandé à Robert Badinter le titre du roman le mieux à même de résumer sa vie. Il m'a répondu : *L'Imparfait*. Et cette réponse s'est agrémentée d'une explication : « L'imparfait, c'est le passé, ce que l'on ne peut changer, mais c'est aussi, en tant qu'adjectif, une définition de la vie elle-même. »

De la part d'un homme qui croit dur comme fer en la perfectibilité humaine et qui ne cesse d'œuvrer en ce sens, j'oserai dire que c'était le choix *parfait*.

Nicolas Hulot

Lui aussi a eu très jeune l'humanité au cœur.

Ce porte-voix de la cause environnementale, ce lanceur d'alertes depuis trois décennies au moins fut dans une période récente ministre de la Transition écologique. De ce poste, il a démissionné voilà plus d'un an, et l'événement n'a pas été sans faire grand bruit. C'est qu'il a mis en lumière un des débats les plus décisifs de notre époque : comment concilier les impératifs liés au dérèglement climatique et les contraintes politiques, notamment internationales, auxquelles doit faire face un gouvernement moderne ?

Aujourd'hui, Nicolas Hulot offre l'image d'un sexagénaire dont le sentiment de révolte demeure intact.

Parce qu'il fut l'un de mes trois meilleurs amis à TF1 et qu'il me paraît étrange de le vouvoyer, je l'aborde ainsi : « Votre visage est celui de l'éternel adolescent. » Car Nicolas Hulot porte encore sur lui la marque de l'enfance. Or elle fut tout sauf paisible ! Tout sauf protégée de ces violences, douleurs et drames que les adultes eux-mêmes peinent à surmonter, quand ils ne les ont pas déclenchés.

La mère de Nicolas Hulot, Monique Moulun, est une femme rebelle à son milieu d'origine, une grande famille catholique désargentée. Le père, Philippe, est aventurier, puis commerçant. Sa famille l'a mis au ban. Aux yeux de Nicolas, ce sera un père trop absent. Comme il aurait aimé retrouver son regard, entendre sa voix, être complimenté par lui ! Mais Philippe Hulot n'aspire qu'à disparaître ! Il part chercher de l'or au Venezuela en compagnie du cinéaste Henri-Georges Clouzot. Il fréquente aussi un certain Henri Charrière, ancien bagnard connu sous le nom de « Papillon » – et dont Steve McQueen campe le personnage dans le film homonyme de Franklin J. Schaffner.

Pour faire vivre sa famille, Philippe Hulot s'était fait d'abord confiseur à Paris. Mais comme Nicolas le note avec un humour léger : « Il s'est lassé des bonbons. »

En définitive, il sait peu de choses de ce père anticonformiste et incontrôlable. Né en 1955, il a dû attendre 1970 et l'adolescence pour avoir un aperçu de l'auteur de ses jours. Cette année-là, Philippe Hulot disparaît prématurément. « Je regrette de ne pas savoir ce qu'il aurait pensé de mon action », avoue Nicolas. On a beau avoir des amis et sa propre famille, on ne cesse jamais de chercher le regard et l'approbation de ses parents…

La mort brutale et choquante du père déclenche chez le jeune Nicolas une première prise de conscience. Il comprend soudain que la brièveté est la caractéristique même de la vie. « Depuis lors, explique-t-il, je m'attache à essayer de construire le plus de vies possible en une seule. » Sénèque ne disait-il pas que chaque journée doit être organisée comme une vie entière ?

Écoutant les confidences de Nicolas Hulot, je ne manque pas de me souvenir de nos nombreux voyages à travers le monde, surtout en Afrique. J'ai certes quelques années de plus que lui, mais les drames qui ont émaillé ma propre existence n'ont fait que renforcer chez moi une conviction simple : il faut savoir vivre pleinement et jouir de chaque instant.

Nicolas, avant que d'être orphelin de père, fut enfant de parents divorcés. Après la disparition de

Philippe Hulot, la famille doit survivre tant bien que mal : Nicolas, son frère Gonzague et sa sœur Béatrice se serrent les coudes et entourent leur mère. « Elle était visiteuse de prison, raconte Nicolas. Elle allait à la messe et pratiquait la chasse. Même ruiné, dans ce genre de famille, on chasse. C'est une question de rang.

– Avez-vous beaucoup souffert du manque d'argent ?

– Le manque d'argent, répond-il, c'est à peine si j'en avais conscience. J'ai surtout souffert du manque de père. »

La famille, qui s'était établie à Nice, fait son retour sur Paris. Après avoir fréquenté des établissements catholiques, c'est au lycée Fénelon que Nicolas passe son bac, au terme d'une scolarité qu'il qualifie lui-même de « médiocre ». Il décide de faire médecine, puis met fin à l'expérience au bout de six mois. Plutôt que de s'ennuyer sur les bancs de la fac, il préférerait mener sa vie tambour battant. Faut-il y voir l'effet d'un atavisme paternel ? Toujours est-il qu'il ne sait pas vers quoi s'orienter.

Survient alors l'événement tragique qui va décider de tout. Nous sommes le soir de Noël 1974. Nicolas a dix-neuf ans. Il est descendu à la cave chercher des chaises pour le repas traditionnel. Il trébuche sur un tapis roulé et découvre à l'intérieur le corps sans vie de Gonzague, son frère aîné. Le défunt a laissé un mot : « La vie ne vaut pas la peine d'être vécue. »

Nicolas s'ouvre de l'affreuse découverte à sa sœur et à son oncle. Il est décidé que l'on ne dira rien à la mère. Gonzague est supposé être absent de Paris et c'est Noël… La vérité sera dite le lendemain : suicide aux barbituriques. Gonzague souffrait d'une maladie neurologique.

« L'immonde nuit de Noël... » C'est en ces termes que Nicolas Hulot reviendra sur ce souvenir dans *Les Chemins de traverse*[1]. Ce traumatisme fera pour lui office de défi, comme l'acte fondateur d'une existence nouvelle, de la vie qui sera la sienne. Nicolas Hulot, désormais, n'aura de cesse de faire mentir son frère aîné. Il se démontrera à lui-même que la vie, au contraire, vaut d'être vécue et qu'elle se doit d'être menée à cent à l'heure.

« J'ai décidé de vivre à la folie », me dit-il. Son premier geste est de s'éloigner de sa famille maternelle – « une famille de nantis hypocrites », selon son jugement de l'époque. Il opte pour les cheveux longs et les chaussures molles. Il entend être libre et ne rien regretter. Il n'y a plus de temps à perdre ! Nicolas veut vivre intensément. Quitte à jouer les casse-cou. Quitte à prendre des risques. Quitte même à ériger le risque en principe de vie. Tout en s'efforçant de le maîtriser, bien sûr.

Nicolas Hulot s'est livré à moi, lui d'ordinaire si soucieux de garder pour lui ses secrets. Telle est peut-être la dualité qui résume le personnage. Là réside sa complexité. C'est un homme discret et puissant à la fois, un aventurier anxieux, instinctif et rationnel, vigoureux et vulnérable. Sa démission fracassante d'août 2018 ne porte-elle pas la signature d'une personnalité singulière ?

Pour Nicolas Hulot, la différence est une vertu et la liberté, la clé de toute chose. Au plus profond de moi-même, je reconnais en lui un cousinage. Tous deux, nous nous sommes affranchis des convenances, des douleurs et de la mort, si grande était notre soif de vivre et d'agir.

---

1. Lattès, 1989.

Charles Pasqua

Si dissemblables qu'ils puissent apparaître, Nicolas Hulot et Charles Pasqua ont un point commun : ils ont très tôt connu la mort. Ils furent jetés encore enfants dans la violence des adultes. Nicolas Hulot a perdu deux proches ; Charles Pasqua a traversé la guerre.

Depuis son plus jeune âge, Charles Pasqua portait l'amour de la France. Il le portait même sur lui, puisque sa chemise s'ornait d'un blason cousu par sa mère, où s'inscrivait une devise solennelle : « Sur nos tombes et sur nos berceaux, nous jurons de mourir français. »

L'homme a toujours revendiqué son patriotisme. Sa famille était corse et il n'avait qu'une dizaine d'années quand l'Italie de Mussolini a voulu rattacher l'île de Beauté à la Péninsule (il est vrai qu'il était à l'époque des Corses pour réclamer ce rattachement).

Le petit Charles, toutefois, a vu le jour à Grasse, dans les Alpes-Maritimes. Il a grandi dans la conscience de l'Histoire et dans l'idée qu'elle est un combat. Comme il me l'a confié lors de notre entretien, il aurait aimé vivre dans la Rome antique. Il parlait bien sûr d'une époque qui nous a légué un de nos plus importants héritages, mais également d'un temps qui était celui des gladiateurs – la lutte à mort, la fureur, la gloire.

Pourtant, feuilletant avec lui le livre de son enfance, j'ai davantage pensé à une œuvre impressionniste, celle d'Auguste Renoir, à ses éblouissantes scènes campagnardes, aux guinguettes, aux instants de sérénité dans des atmosphères saturées de couleurs et de lumière – ces ambiances que Bertrand Tavernier a su restituer si merveilleusement dans *Un dimanche à la campagne*. Car c'est le dimanche que le petit Charles rend visite à ses grands-parents à quelque distance. Là, dans le jardin, sous la tonnelle, les adultes sirotent leur anisette et parlent de la vie qui passe, au milieu des enfants qui jouent et courent dans tous les sens. Dans la région, alors, on parlait le provençal. Et cette langue était restée chère au cœur de Charles Pasqua, qui m'a fait remarquer d'un ton fort sérieux, avec cet accent rocailleux qui le caractérisait si bien : « Une langue, oui, pas un patois. »

Petit, il apprenait par cœur les poèmes de Frédéric Mistral, le barde de Maillane, l'écrivain provençal par excellence, de surcroît Prix Nobel de littérature. J'ai pu constater, lors de notre rencontre, qu'il avait toujours ces vers en mémoire : il m'en a récité plusieurs, comme il le faisait enfant pour le plaisir des siens.

Son père, policier à Grasse, rêvait de voir le petit Charles devenir lui-même, un jour, commissaire. « C'eût été pour lui une consécration ! La consécration d'une vie. Ce Corse voulait une chose plus que tout : que je travaille au service de la France. »

Ce père, hélas ! n'assistera pas à l'accomplissement de son rêve. Il avait quitté ce monde depuis un an seulement quand son fils, en 1986, est devenu ministre de l'Intérieur du président Jacques Chirac. « Grâce à mon père, dit encore Charles Pasqua, j'ai assimilé très tôt le sens du devoir, le sens de l'honneur et l'amour de la France. »

Il a douze ans quand la guerre éclate – cette guerre qui lui offrira l'occasion de mettre ses qualités à l'épreuve. À l'été 1940, son père refuse de prêter serment au maréchal Pétain et à l'« État français ». Il s'engage dans la Résistance. « Il a fait ce qu'il devait faire. Et toute la famille a fait pareil. » Charles Pasqua tonne : « La défaite, on ne pouvait pas l'accepter ! » Soixante-dix ans après, il en demeure comme frappé d'incrédulité ; et son visage redevient celui de l'adolescent d'autrefois.

À l'âge de quinze ans, il rejoint lui aussi la Résistance, à la demande de son père. Il y occupe un poste d'agent de liaison. C'est une besogne qu'il n'aime pas. Il la juge « administrative ». Ce qu'il veut, c'est « se battre ». Il veut le bruit et la fureur ! Il me confie : « J'aspirais à combattre au soleil et à tomber sous les balles de l'ennemi ! »

Écoutant cet homme politique me faire le récit d'un parcours qui débute à quinze ans par la lutte contre l'occupant, j'avais le sentiment d'avoir affaire à une énigme vivante. Que de facettes dans le personnage ! Charles Pasqua sera successivement résistant, militant gaulliste, employé du groupe Ricard dont il deviendra le numéro deux. On le retrouve ensuite à la tête du Sac, ce Service d'action civique chargé, disons, pour être aimable, de « maintenir l'ordre » sous le général de Gaulle.

Le public connaîtra plus tard un Charles Pasqua tour à tour député, conseiller général, président de conseil général, sénateur… C'est aussi « Monsieur Françafrique », l'homme de réseaux dont le nom apparaît dans nombre d'affaires politico-financières. Il sera même condamné une fois par la justice. En bref, ce compagnon de route de Jacques Chirac, d'Édouard Balladur et de Philippe Séguin, puis conseiller de Nicolas Sarkozy, était décidément insaisissable.

Insaisissable et si familier pourtant ! L'homme que j'avais en face de moi était tel que nous l'imaginons pour l'avoir vu si souvent traverser le décor de notre vie politique : à la fois bourru et secret, intimidant et bon vivant, autoritaire et jovial. Complexe et finalement insondable – un homme.

Parlant de son entrée en Résistance, il lâche une phrase : « Ça devait peser lourd. » J'ai compris alors qu'il se voyait ainsi : comme un homme de réseaux. Les réseaux ont formé la trame de son destin – ceux de la Résistance à l'occupant, ceux de l'espionnage, ceux de la politique et de la finance, ceux du pouvoir… Il dit d'ailleurs la fierté qui a été la sienne quand il s'est retrouvé agent dans le plus grand réseau de renseignement militaire de la France libre. C'était après le débarquement en Afrique du Nord. La zone libre avait cessé d'exister. Quelle promotion pour le jeune résistant ! Et quelle anticipation de l'avenir…

Charles Pasqua aspirait-il à devenir un homme politique ? Voire un homme d'État ? Rien n'est moins sûr. Ayant été précipité dans la guerre à l'adolescence, il n'avait pas grande sympathie pour le milieu politique, un monde qu'il jugeait volontiers factice et même, bien souvent, guignolesque. Le monde politique, il le voyait comme un théâtre, comme le terrain de jeu des menteurs et des manipulateurs. Ce qui ne l'a pas empêché de compter lui-même, un demi-siècle durant, parmi les « acteurs » les plus marquants de la droite française…

Insaisissable, vous dis-je.

Jean-Marie Le Pen

Encore plus à droite de l'échiquier politique ,Jean-Marie Le Pen attire sur son nom beaucoup d'épithètes : ambigu, médiatique, sulfureux, controversé, redouté, haï… et ce depuis soixante ans désormais !

Quel regard porte-t-il sur lui-même au terme de son existence ? C'est ce que j'ai voulu savoir. Il venait de faire paraître le premier tome de ses *Mémoires*[1], livre dans lequel il entreprenait de se livrer, en tant que militant et en tant qu'homme. Ce fut l'occasion d'une rencontre.

L'histoire de Jean-Marie Le Pen est celle d'un pupille de la nation devenu héraut d'un certain nationalisme, d'un Français devenu le diable de la République, d'un Breton devenu figure incontournable du paysage politique hexagonal.

Je l'avais interviewé plus d'une fois, lors des campagnes électorales, mais pas seulement. Il fréquentait les plateaux de télé pour bien d'autres raisons, non sans y déclencher parfois des scandales, non sans y brutaliser les consciences. Que ses prises de parole s'effectuent en direct ou en duplex, il n'avait jamais cessé de me heurter. Mais aussi de m'interroger.

Quelle motivation l'a poussé à vouloir s'engager dans tous les conflits, de la fin de la Seconde Guerre mondiale à l'Indochine puis à l'Algérie ? À chercher

1. *Fils de la nation*, Muller éditions, 2018.

la bagarre dès l'adolescence, contre ses camarades d'abord, contre les gauchistes ensuite, et plus récemment, aux législatives de 1997, lors d'un déplacement à Mantes-la-Jolie ? N'y a-t-il pas un contraste fascinant entre l'homme qui invective, éructe et se bat, et l'écolier formé chez les jésuites, qui s'enferme dans le grenier de la maison familiale pour dévorer des livres ? Quel enfant a-t-il été ? C'est ce que j'ai voulu savoir.

Jean-Marie Le Pen est breton, mais les Bretons votent très peu Front national.

« Nous avons un autre point commun, me dit-il.

– Ah bon ? Et lequel ?

– Les Bretons ont la tête dure ! »

Il a vu le jour dans une France qui n'existe plus, une France chaussée de sabots, profondément croyante, éloignée de Paris, pétrie de traditions catholiques mêlées de folklore. Ce fils d'un patron pêcheur et d'une paysanne qui priait plusieurs fois par jour est originaire de La Trinité-sur-Mer. Il s'est souvent embarqué avec son père : il fallait subvenir aux besoins de la famille, chaque sou empoché étant un pas de plus vers l'indépendance. Son père lui a enseigné de bonne heure la nécessité d'être libre, ce qui signifiait dans sa bouche : ne rien devoir à personne.

Un camarade propose un jour au jeune Jean-Marie de quitter l'école libre pour la communale. Il accepte avec la bénédiction paternelle. Quant à la mère, pour qui la communale laïque n'est rien d'autre que l'école du diable, elle a ce mot : « Si le petit en a envie et qu'il est heureux, il n'a qu'à y aller ! »

Ce trait de modernité n'est-il pas surprenant, dans les années 1930, en plein Morbihan ? Il est vrai que, chez les Le Pen, la lecture, donc la culture humaniste, occupe une place importante. La bibliothèque familiale compte près de cinq cents ouvrages.

Cette fameuse communale s'inscrira comme un moment clé dans le parcours de Le Pen. « C'est là, me dit-il, que j'ai vraiment commencé à comprendre ce qu'est la patrie. » Dans son esprit, le mot est très vite associé au sens du devoir, à la notion de sacrifice et, probablement déjà, à une certaine conception de l'identité nationale.

À cette même époque, c'est-à-dire en 1937, le petit Le Pen, âgé de dix ans, se rend à Auray avec son père et son grand-père. On commémore là-bas la Première Guerre mondiale. Pour les anciens combattants bretons et leurs familles, l'événement a des allures de pèlerinage. Et les Le Pen, le grand-père et le père, se sont battus lors de la « grande boucherie ». Le monument aux morts d'Auray est un véritable mausolée en mémoire des Bretons qui ont versé leur sang et péri dans les tranchées. Plus de huit mille noms y sont gravés dans la pierre et dans l'Histoire. La Bretagne compte parmi les régions qui ont payé le plus lourd tribut au conflit, et le petit Jean-Marie est loin d'être insensible à ce détail.

Mais le véritable choc, c'est le défilé des « gueules cassées », ces soldats défigurés, brisés, mutilés, qui luttent pour se reconstruire, pour renouer avec une vie digne, au milieu des regards tantôt horrifiés, tantôt compatissants – et je songe en écrivant ces lignes à l'œuvre que mon camarade Marc Dugain a consacrée à ce thème des combattants abîmés : *La Chambre des officiers*[1].

---

1. Lattès, 1999. Comment ne pas être bouleversé devant la séquence finale, dans le métro, lorsque Adrien parvient à faire rire une petite fille faisant passer son chapeau devant son visage, découvrant tantôt son visage d'avant, tantôt son visage d'après en lui tirant la langue ? Merveilleuse renaissance et bouleversante leçon d'humanité qui, sans effacer

Le jeune Jean-Marie Le Pen ne mène pas une vie facile à La Trinité-sur-Mer. Pourtant, il n'est pas malheureux. Noël est une belle fête, une fête généreuse. Et il a la chance, en un certain sens, d'être fils unique. Pour nombre de ses camarades, Noël, c'est la promesse d'une orange au pied du sapin – rien de plus. Et si le père de Jean-Marie, patron pêcheur, est souvent absent, il travaille dur pour le bien de sa famille et de son fils.

Cet homme devra bientôt s'absenter plus longtemps car la guerre éclate à nouveau. C'est la Seconde Guerre mondiale, qui pour les Français tournera vite au désastre. Au moment d'aborder ce sujet, Le Pen s'exclame : « La débâcle ! Alors que la défaite était impensable ! » Impensable et pourtant bien réelle…

Aux yeux du jeune Jean-Marie, alors âgé de douze ans, le maréchal Pétain fait figure de sauveur – comme à l'époque pour beaucoup de Français. Quand l'enfant allume la TSF, c'est la voix de Pétain qu'il veut entendre ! Pétain, c'est la promesse de voir son père démobilisé rentrer à la maison. Pétain veut dire que la vie normale va reprendre son cours.

En 1942, alors que la guerre bat son plein, le père est en effet rentré à la maison et son adolescent de fils est retourné à l'école catholique : c'est désormais chez les jésuites que ses études se poursuivent. Il y étudie l'art des joutes oratoires – apprentissage qu'il ne se privera pas de mettre à profit à l'occasion de ses futurs combats. Quatre cents vers de poésie à apprendre par cœur chaque trimestre !

---

l'horreur, nous rappelle qu'à la peine, à la douleur et à la souffrance, doivent toujours succéder la joie et l'allégresse.

Parallèlement à l'école, il est souvent en mer avec son père et son grand-père, qui s'emploient à faire de lui un meilleur matelot.

Mais un matin, un soldat de la Wehrmacht se présente au domicile familial. Le patron pêcheur Le Pen est mort. Il naviguait avec son équipage quand le filet a remonté une mine. L'embarcation a explosé, ne laissant qu'un seul marin survivant. Le corps du patron sera retrouvé quelques jours plus tard vers le sud, sur la plage, à Saint-Gildas-de-Rhuys. Était-ce une mine allemande ? Réponse de Le Pen : « Nous n'avons pas demandé la nationalité de la mine… »

Personne n'a demandé la nationalité de la mine, mais le jeune Jean-Marie en est persuadé : oui, c'est bien une mine allemande qui a tué son père. Il lui faudra vivre désormais avec de nouvelles compagnes : la peine, la souffrance et surtout la colère. L'enfant joyeux se métamorphose en adolescent indiscipliné, insolent, querelleur, prompt à faire le coup de poing. Jean-Marie n'a plus qu'une seule idée en tête : venger ce père trop tôt disparu. Sa décision est prise : il tuera un Allemand.

L'occasion de mettre ce projet à exécution lui sera offerte quand les troupes de la Wehrmacht feront retraite. Malgré l'Occupation, il a réussi à conserver les armes de son défunt père. Accompagné de deux camarades, armé d'un pistolet 6.35 mm, il fomente le projet d'ouvrir le feu sur un Allemand.

La nuit est sombre. Il fait chaud. Les trois amis surveillent la rue. Ils transpirent. Bientôt, un Allemand s'approche. Il s'avance, passe devant le trio sans les voir, se présente de dos… Le fils Le Pen, d'un regard, interroge ses camarades. Ils approuvent d'un signe de tête : c'est le moment. Jean-Marie Le Pen prend l'Allemand en filature. Il plonge la main dans sa poche. Ses doigts se referment sur la crosse du pistolet. L'Allemand n'est plus qu'à quelques mètres. L'adolescent est prêt à tirer.

Mais son bras tremble. Il serre l'arme de toutes ses forces. Il fixe des yeux le dos du soldat qui s'éloigne. L'hésitation est trop forte. Le jeune homme renonce. Ayant rejoint les deux autres, il leur dit : « Je n'ai pas pu. »

Entre-temps, il est devenu officiellement pupille de la nation, en tant qu'orphelin de guerre. Plus qu'un titre, c'est un véritable statut que l'État lui a accordé. Et de ce statut, il se réclamera toute sa vie. C'est lui qui l'obligera, selon ses propres mots, « à plus de droits, plus de devoirs ».

A-t-il cette formule en tête, deux ans plus tard, en 1944, quand il tente de rejoindre, malgré l'opposition résolue de sa mère, les Forces françaises de l'intérieur ? Quoi qu'il en soit, cette incorporation lui est refusée. Il se serait entendu dire : « Tu es pupille de la nation. Pense à ta mère. »

Et je ne puis m'empêcher de m'interroger sur ce qu'il serait advenu d'un Jean-Marie Le Pen entré dans la Résistance. Aurait-il été le même homme ?

LES FILLES DE L'ART

Pourquoi sommes-nous au monde, sinon pour amuser nos voisins et rire d'eux à notre tour ?

Jane Austen

Chacun de nous a son passé enfermé en lui comme les pages d'un vieux livre qu'il connaît par cœur, mais dont ses amis pourront seulement lire le titre.

Virginia Woolf

Tu es jeune, tu es une femme, ce qui implique de sérieuses restrictions dans les deux cas, mais tu es aussi une personne.

Toni Morrison

Dès l'enfance, je me suis demandé par quel miracle de force, de fragilité et de douceur les actrices parvenaient à me faire rêver.

Il y eut de belles étrangères : Gene Tierney, Lauren Bacall, Silvana Mangano, Rita Hayworth, Sophia Loren, Marilyn Monroe, Audrey Hepburn, Natalie Wood... Certaines ont disparu trop tôt, dans des circonstances parfois tragiques. Leurs silhouettes n'en continuent pas moins de me hanter. Quand je les vois apparaître sur l'écran noir de mes nuits blanches, quand mes yeux les découvrent et redécouvrent dans la pénombre d'une salle obscure, je redeviens l'enfant, puis l'adolescent qui, dans les cinémas de Reims, de Strasbourg et de Paris, se plaisait à tomber sous le charme des stars.

Les cinémas, ces temples du temps perdu ! Les films y étaient annoncés par des affiches et des photos épinglées dans des vitrines. J'ai beaucoup collectionné ce matériel, quand le gérant consentait à me le céder au terme de l'exploitation. On y trouvait parfois, soulignés au marqueur, des extraits des chroniques favorables signées Jean-Louis Bory pour *Le Nouvel Observateur* ou Robert Chazal pour *France-Soir*.

J'explore mes souvenirs. Combien coûtait le billet d'entrée ? Dans les années 1970, il oscillait entre quatre et cinq francs – ce qui devrait nous laisser rêveurs. On pouvait acheter quelquefois, pour un prix modeste, le programme de la séance. Une ouvreuse munie d'une lampe de poche vous guidait jusqu'à votre place, et c'est tout juste si elle ne vous prenait pas par la main.

Ces hôtesses des salles obscures avaient presque des grâces d'amoureuses. Elles portaient d'élégantes robes sombres, des écharpes rouges et des souliers à talons. De vraies héroïnes truffaldiennes ! À l'entracte, elles passaient entre les rangs avec un panier en osier : « Pop-corn ? Esquimaux ? Bonbons ? Chocolats ? »

Les salles de mon enfance rémoise s'appelaient l'Eden, l'Alhambra, le Familial, l'Opéra, l'Empire. Le spectateur patientait devant le mur des réclames dont se couvrait l'écran. C'étaient des publicités d'intérêt local : le boucher du coin, le pâtissier, le magasin de confection. La séance s'ouvrait par les actualités – l'ancêtre du journal télévisé. Venait ensuite un documentaire. Puis les bandes annonces. Beaucoup, refusant de s'embêter à regarder tout ce qui était présenté avant le « grand film », se débrouillaient pour arriver à la fin de l'entracte – c'était bien assez tôt pour eux. En ce qui me concerne, je me régalais de tout, et la mention « Prochainement sur vos écrans » me transportait d'excitation.

Les belles inconnues qui étalaient leurs charmes sur nos écrans n'étaient pas destinées à le rester. La consécration avait lieu au Festival de Cannes, dans le crépitement des appareils photo. Et le succès pouvait naître d'un heureux et beau hasard. Brigitte Bardot, par exemple, est encore mineure quand elle rencontre un playboy du nom de Roger Vadim. Il devra attendre, pour l'épouser, qu'elle ait atteint sa majorité, puis il fera d'elle une bombe sensuelle qui explosera en 1956 aux yeux du monde dans *Et Dieu… créa la femme.*

Il n'est pas faux d'affirmer que Brigitte Bardot a été la petite fiancée de notre « cher vieux pays ». Il semble bien que le général de Gaulle lui-même soit tombé sous le charme. Parlant de « B.B. », il aurait affirmé qu'elle était aussi importante, pour l'image de la France, que la régie Renault. Mieux, ayant décidé de la recevoir à l'Élysée, il a eu la surprise de la voir arriver vêtue en hussard ! En présence du président de la République, B.B. n'avait pas hésité à braver l'interdiction faite aux femmes de porter un pantalon dans les cérémonies officielles. De Gaulle, loin d'en prendre ombrage, a eu ce commentaire : « Ah, quel joli petit dragon ! »

Mais B.B. n'était pas seulement la « petite fiancée » des Français. Sans doute a-t-elle été le premier sex-symbol de notre pays. Et une source d'inspiration pour nombre de femmes. Belle, rebelle, elle n'en faisait qu'à sa tête. Sa coiffure blonde ne cessait de paraître à la une des magazines. Sa moue boudeuse aussi. On l'interrogeait : « Quel est le plus beau jour de votre vie ? » La réponse tombait, faussement innocente : « Une nuit. »

Les hommes la désiraient. Les femmes qui ne rêvaient pas de lui ressembler la jalousaient. François Nourissier, un écrivain que j'appréciais, a décrit le phénomène dans un élégant petit ouvrage intitulé *B.B. 60*[1] dont je ne résiste pas au plaisir de citer un passage :

Que l'on caresse du regard, vite, les images innombrables de Bardot ; que l'on profite vite d'un plaisir innocent, car, sitôt les yeux relevés, on les posera sur un monde de lèvres et de visage clos. L'énorme bêtise des hommes d'Occident devant le sexe et devant leur désir éclate en de certaines occasions. L'aventure Bardot en est une. S'il n'existait aucune autre raison de l'aimer et de bavarder un peu librement sur le compte de cette belle personne,

1. Le Dilettante, 1996.

la seule envie de faire acte de présence y suffirait. J'entends la seule envie d'être parmi ceux qui l'auront dit : la beauté n'est pas honteuse, la beauté a des droits, nous devons respecter en elle une dignité d'avant la faute, joueuse et familière.

Voilà une déclaration d'amour que bien des hommes auraient rêvé de signer. Nourissier la concluait ainsi :

Sous la mythologie, sous l'entreprise et le triomphe publicitaires, il existe ce miracle gratuit et parfaitement injuste : les privilèges d'une petite fille née belle.

Oui, B.B. appartient à nos mythologies populaires et intimes. D'ailleurs, *Paris Match* titrait en août 1958 : « Brigitte Bardot, un phénomène social. » Roland Barthes lui-même ne s'y est pas trompé. Cherchant à comprendre l'attraction exercée par la star, il écrivait dans ce même numéro du magazine à grand tirage :

Elle n'est pas plus licencieuse mais simplement plus libérée. Elle représente un érotisme plus ouvert, dépouillé de tous ces substituts faussement protecteurs qu'étaient le semi-vêtement, le fard, le fondu, l'allusion, la fuite.

Je n'ai pas vu *Et Dieu… créa la femme* en salle lors de sa sortie. Et pour cause : j'étais trop jeune. Mais je l'ai souvent visionné par la suite. Impossible d'oublier le grain de peau de l'actrice se révélant derrière un drap mis à sécher, sa danse pieds nus sur une table, ses amours endiablées. Impossible surtout de ne pas voir que nous avons assisté grâce à elle à la naissance d'une femme nouvelle. Avec B.B. est venue la femme libre et émancipée, la femme qui assume sa séduction et refuse de se laisser dicter sa conduite. En 1963, dans *Le Mépris*, le chef-d'œuvre de Jean-Luc Godard, on la verra couchée nue sur un lit, interrogeant Michel Piccoli : « Et mes fesses, tu les aimes, mes fesses ? »

Après B.B., rien ne sera plus comme avant. Mais la France peut s'enorgueillir d'être représentée par nombre de visages féminins prêts à porter à leur tour le flambeau de cette liberté qui allait si bien à Brigitte. Je pense notamment à Anouk Aimée dans *Lola*, de Jean-Jacques Demy. À Françoise Fabian, si éblouissante avec Lino Ventura dans *La Bonne Année* de Claude Lelouch. À la jeune Catherine Deneuve et à sa sœur, Françoise Dorléac, dont la mort brutale m'avait bouleversé. Comment oublier Marlène Jobert et ses pétillantes taches de rousseur ? Elle était belle et épatante dans des comédies comme *Alexandre le bienheureux*, du regretté Yves Robert, mais aussi dans des productions plus dramatiques comme *Nous ne vieillirons pas ensemble*, de l'exigeant Maurice Pialat. Plus près de nous, Marie Gillain s'est révélée une comédienne désarmante de naïveté et de cynisme dans *L'Appât* de Bertrand Tavernier. Ou Marion Cotillard, dont l'apparition de quatre minutes dans *Un long dimanche de fiançailles* me laissa un souvenir troublant.

L'art de prendre la lumière et d'aimanter le regard : telle est sans doute la définition du sex-symbol. Voire de la grande actrice. Quoi qu'il en soit, ces femmes, à chacune de leurs apparitions, ont su rendre notre existence plus douce, plus légère.

Anny Duperey

Dans *Le Voile noir*[1], Anny Duperey raconte le drame qui a marqué et orienté sa vie. Avant la parution de ce témoignage, personne n'avait connaissance du malheur qui avait si gravement frappé son intimité. Chacun l'admirait, notamment pour son jeu éblouissant et mystérieux dans *Stavisky* d'Alain Resnais. Les films d'Yves Robert nous la présentent sous un jour plus pétillant, plus libéré. D'une façon générale, il émane de sa personne une joie de vivre lumineuse. Mais il est vrai que l'on voit affleurer parfois sur son visage, au détour d'une scène, un rien de tristesse. C'est le cas dans *Sans sommation*, de Bruno Gantillon, dont elle partage l'affiche avec Maurice Ronet et Bruno Cremer. Ainsi que dans *Les Femmes,* de Jean Aurel – là encore, elle a pour partenaire Maurice Ronet. Et Brigitte Bardot, bien sûr, qui y tient la vedette. Anny interprète dans ce film le rôle d'une jeune femme amoureuse qui pose nue pour les étudiants des Beaux-Arts. Elle a le sourire aux lèvres, mais une douleur muette transparaît dans son regard.

Le Voile noir a peut-être mis des mots sur cette douleur. La lecture de ce texte plein de larmes retenues m'a bouleversé. Anny Duperey y livrait son secret. Elle avait huit ans et demi quand un accident

1. Seuil, 1992.

l'a privée de ses deux parents. « Ma vie a commencé le jour de leur mort », m'a-t-elle confié.

Pourquoi ? Parce que ses premiers souvenirs sont postérieurs au drame. Elle a oublié ce qui se passait dans son existence quand elle avait quatre ans, quand elle en avait sept… « Rien, dit-elle. Deux ou trois photos en noir et blanc et c'est tout. » Quelques lieux, peut-être. De vagues événements. Et ce ne sont encore qu'images parcellaires. Des plans de détail, comme on dit au cinéma. Mais aucun visage ne lui reste de sa petite enfance. Aucun son. Pas de parfum. « C'est comme être née orpheline », dit-elle.

À l'automne 1955, la fillette découvre ses parents morts dans la salle de bains. C'est un accident. Mais un accident sur lequel la lumière ne sera faite que bien plus tard – quand paraîtra *Le Voile noir*, justement. Des lecteurs bienveillants, des spécialistes, des médecins, des scientifiques lui décriront alors les conditions réelles de cette double disparition : asphyxie accidentelle. Ces personnes, en l'aidant à mettre des mots sur la tragédie de son enfance, lui ont permis d'en finir avec la culpabilité muette qui lui pesait sur le cœur depuis trente-cinq ans.

Il y a plus encore : ces échanges et ces correspondances l'ont arrachée à sa solitude. Elle se sentait enfin accompagnée dans ce qu'elle appelle avec beaucoup d'humilité « le sort commun ». Ce *sort commun* nous relie. Moi aussi, j'ai appris à le connaître et à le comprendre en lisant les lettres que m'adressaient les lecteurs après la disparition de ma fille Solenn.

Lors de l'entretien que j'ai eu avec Anny, nous nous sommes reconnus frère et sœur. Or, je la connaissais depuis bien longtemps. Il y avait bien sûr ce que nous nous disions dans le cadre de l'émission ; mais il y avait aussi les silences, les regards échangés, la complicité, le partage de ce fameux *sort commun*. Un dialogue avait lieu au-delà des mots. Nous communiquions aussi à travers nos sourires esquissés.

Ce livre fut pour Anny Duperrey une libération. Il a révélé aussi un talent littéraire. Il est vrai que la lecture et l'écriture ont toujours occupé une place prépondérante dans sa vie. « La consolation d'écrire », me dit-elle.

Elle avait une douzaine d'années quand elle a découvert ce plaisir. Sans doute essayait-elle déjà de mettre des mots sur l'affreuse douleur toujours demeurée muette. Elle espérait aussi, par ce moyen, garder le contact avec Patricia, sa jeune sœur dont la mort des parents l'avait brutalement séparée. Patricia n'avait que cinq mois au moment du drame. «Je la considérais comme *mon enfant»*, dit Anny avec beaucoup d'émotion.

Patricia fut confiée aux grands-parents maternels ; Anny trouva refuge chez sa grand-mère paternelle et chez une tante. « Cette tante a été une chance pour moi. Elle n'avait pu faire d'études. Alors elle m'a donné toutes les cartes pour que je puisse m'instruire. Du coup, j'ai eu une adolescence très riche, intellectuellement. Lecture, cinéma, théâtre, écriture, peinture : rien ne m'était interdit. »

Sa vocation première, cependant, fut la peinture. Ses résultats scolaires n'étant pas à la hauteur des espoirs exprimés par la tante, Anny est entrée à quinze ans à l'école des Beaux-Arts de Rouen. Sa tante l'a soutenue. À l'époque, il était encore possible de prendre les chemins de traverse. « Bien sûr, se souvient Anny avec entrain et bonne humeur, il y avait un concours ! Je l'ai tenté après un BEPC obtenu de haute lutte ! »

Tout en l'écoutant faire le récit de son adolescence, je la voyais, me semble-t-il, telle que nous l'aimons tous : pleine d'énergie, de caractère, dotée d'un sens de la liberté hors du commun. Anny aime la vie en dépit de tout. Elle a plaisir à être au monde et à partager une conversation où revient sans cesse le thème de l'enfance.

« Il fallait toujours que je fasse l'andouille », avoue-t-elle. C'est au point que le directeur des Beaux-Arts crut bon de demander à la fameuse tante : « Vous ne feriez pas mieux de l'inscrire aux cours du soir ? Il y a un conservatoire municipal pour ça. »

Il n'en fallait pas plus pour stimuler la jeune Anny, qui tient à relever le défi. Elle ne tarde pas à décrocher des premiers prix. Elle devait être reçue au Conservatoire national de Paris à l'unanimité du jury. Elle avait du talent, c'était indéniable. Du reste, ce talent, elle continue de nous en faire profiter à la scène comme à l'écran – le petit et le grand. « Je n'ai jamais voulu devenir comédienne ! » me dit-elle avec force.

Avec force et avec un grand sourire…

Admettons : elle ne voulait pas devenir comédienne. Quoi qu'il en soit, elle a su transformer ses blessures en force de vie, en puissance créatrice. Peintre ou acteur, écrivaine ou architecte, nous essayons de créer des mondes et d'embrasser des vies.

Julie Gayet

J'ai rencontré Julie Gayet pour la première fois à la terrasse d'un célèbre bistrot, près du Centre Georges-Pompidou. C'était le début de l'été et je prenais un verre avec une connaissance commune. Julie Gayet, passant par là, s'est arrêtée pour nous saluer. Je n'oublierai jamais la spontanéité de son sourire. Ni sa bienveillance toute simple. Car c'est un grand talent que de savoir dire bonjour ! Dans *Itinéraire d'un enfant gâté*, de Claude Lelouch, Belmondo en fait la merveilleuse démonstration à Richard Anconina.

De ce talent, Julie Gayet ne manque certes pas. Actrice, productrice, figure du cinéma français, elle s'engage de tout son cœur et ne laisse rien au hasard. C'est peut-être ce qui explique la rareté de ses apparitions. Il suffit d'étudier sa filmographie pour observer qu'elle incarne un art exigeant, volontiers militant, mais toujours sincère et profondément humaniste.

Cet humanisme, à n'en point douter, est ce qui guide sa carrière et ses choix. Elle m'a confié un jour avec douceur qu'elle le tenait de son père, un chirurgien de l'appareil digestif qui pratiquait la médecine avec un souci permanent de l'humain. Pas seulement la médecine, d'ailleurs : il faisait preuve de la même générosité une fois sorti de l'hôpital.

Cet hôpital qui est le lieu par lequel Julie s'essaie, dès son âge tendre, au métier de divertir et de faire rire. Ayant constaté que plusieurs patients opérés par son père ne recevaient pas de visites, elle décide de passer dans les chambres et de faire le clown. C'est l'occasion d'échanger avec ces malades isolés, d'adoucir quelque peu le sort de ces personnes qui, en plus de souffrir dans leur corps, ont le malheur de se sentir délaissés. Ainsi, pendant quelques minutes, grâce à la fille du praticien, ils peuvent échapper à leurs douleurs. N'est-ce pas là le sens profond du divertissement : nous détourner de ce qui nous afflige, nous consentir un instant de joie ?

J'ai demandé à Julie s'il fallait chercher dans cette expérience l'origine de sa vocation. À cette question, elle n'a su répondre. Toujours parée de ce sourire plein de grâce, elle m'a avoué d'un ton quasi ingénu qu'elle n'y avait jamais pensé ! Mais ce fut pour ajouter aussitôt : « À y réfléchir… Ça a peut-être joué… »

Elle débute à l'âge de huit ans par le chant lyrique. Puis elle ressent rapidement le besoin d'interpréter. Elle veut jouer ! Exploiter tout ce qui peut être mis à la disposition d'une actrice : la voix, bien sûr, mais aussi le corps. Sans renoncer au chant, elle passe par la célèbre école de cirque Fratellini. Puis vient le théâtre-école de la célèbre Tania Balachova, dont la méthode rompt avec l'académisme. Là, Julie se forme à un jeu d'acteur compris dans sa totalité. Tania Balachova a inspiré Lee Strasberg et l'Actors Studio. Combien de stars ont profité de cet enseignement ! Robert De Niro, Meryl Streep, Julia Roberts, Al Pacino… Mais aussi, plus près de nous, Niels Arestrup, Josiane Balasko, Stéphane Audran ou encore Pierre Arditi.

Dans la même période, Julie rejoint l'Actors Studio de Londres où elle apprend, dit-elle, à se moquer d'elle-même, à faire fi des étiquettes, à se débarrasser des convenances qui pèsent si lourd sur l'école française. « À Londres, explique-t-elle, j'ai pu envisager la pratique de mon art de manière beaucoup plus libérée. »

Un art dont elle a pu nous donner un brillant aperçu dans *Quai d'Orsay*, le film que Bertrand Tavernier a adapté de la bande dessinée éponyme. Thierry Lhermitte y campe un personnage fantasque et déroutant, à l'évidence inspiré de Dominique de Villepin, qui fut ministre des Affaires étrangères entre 2002 et 2004. Julie Gayet interprète le rôle d'une conseillère Afrique du ministre. Séductrice, volontiers cynique, elle est capable d'afficher tantôt un charme fou, tantôt une redoutable froideur. Julie endosse avec un plaisir évident le costume de ce personnage insaisissable ; son interprétation lui vaudra d'être nommée en 2014 au César de la meilleure actrice dans un second rôle.

Une grande partie de ce que nous sommes, l'essentiel peut-être, se construit durant l'enfance. Avec Julie, cette loi se trouve vérifiée. Notre enfance nous définit. Elle nous croque comme le ferait un peintre. Elle dessine nos contours et nos états intérieurs ; elle ne cesse de nous cultiver.

Et tandis que Julie Gayet s'exprime, c'est l'enfance qui se lit sur son visage. Son regard brûle d'une liberté tôt apprise, d'une indépendance cultivée au fil des années. On ne manque pas de lire aussi en elle une forme d'exigence, celle qui la pousse aujourd'hui vers des choix affirmés. Elle fait enfin ce qu'elle a voulu faire. Elle va où ses désirs l'emportent. Elle donne corps et voix à ses convictions. Et elle ne se soucie pas du qu'en-dira-t-on.

Marie Gillain

Ce qui vient d'être dit pourrait s'appliquer à Marie Gillain. En 1995, cette actrice belge de vingt ans interprète Nathalie Magnan dans *L'Appât*, un film de Bertrand Tavernier inspiré de faits réels. Son rôle est celui d'une gamine « amoralisée » et ce qu'elle fait à l'écran est pour moi une révélation.

Une grande actrice est née. On reconnaît le phénomène à des détails fort simples : un regard, un mouvement de la tête, une façon d'être et d'émouvoir. La grâce, la beauté, la vérité.

On s'en doute, Nathalie Magnan, cette jeune femme responsable de meurtres sauvages commis par deux compagnons avides d'argent et gavés d'images violentes, est fort éloignée de ce qu'est Marie Gillain dans la vie. Cependant, c'est un rôle comme elle les aime, un *emploi* qu'une comédienne n'a pas souvent la chance de se voir offrir. Elle me l'a dit : ce genre de spécimen humain l'attire. Professionnellement parlant, elle est fascinée par les êtres sombres, tourmentés, douloureux – le contraire, en quelque sorte, de l'apparence qu'elle offre au naturel.

Est-ce parce que Marie a grandi dans la joie, la créativité et une bonne dose de fantaisie ? Très jeune, dans son village de Belgique wallonne, près de Liège, l'enfant pratique la danse et le théâtre. Le week-end, ses parents organisent avec des amis des fêtes en costume et de petits spectacles. Il y a chez eux, dans leur maison, une pièce aménagée pour ça.

Dans l'enfance de Marie Gillain, le théâtre est partout. Le père, illustrateur, est un « comédien refoulé ». C'est elle-même, Marie, qui me fait cette remarque. Elle ajoute : « Il ne rechignait jamais devant une imitation, un pastiche, une caricature. »

La mère, qui elle aussi est illustratrice, écrit des livres pour enfants dont ses deux filles sont les premières lectrices. La petite Marie alors n'a qu'une envie : jouer les personnages nés de la plume de sa maman. Laquelle a créé dans le village un atelier théâtre.

Marie Gillain a-t-elle eu une enfance de rêve ? On le croit volontiers. Ce fut en tout cas une enfance pleine de liberté, une période de sa vie dont elle se rappelle les éclats de rire, la créativité, la fantaisie. Là est la clé de l'épanouissement, serais-je tenté de dire.

Je pense, parlant avec Marie, au film superbe et injustement méconnu de Frank Capra, *Vous ne l'emporterez pas avec vous*. Cette comédie sociale, quasi militante, met en scène une famille d'anarchistes excentriques et rêveurs dressée contre le promoteur qui veut l'exproprier. Sur fond de drame politique, se noue une romance entre le fils du promoteur – interprété par James Stewart – et une jeune fille menacée d'expulsion – Jean Arthur. Le cinéaste dépeint en outre une Amérique humaniste, sociale, libérale, animée par des principes simples incarnés par un grand-père auquel Lionel Barrymore prête ses traits. La maison menacée de destruction est plus qu'un habitat ; c'est un pays de cocagne, une roulotte à demeure dans laquelle chacun est le saltimbanque de sa propre existence.

C'est exactement ce que m'évoque l'enfance de ma talentueuse interlocutrice : une atmosphère de funambules, une famille à la fois consciente des réalités et protégée du monde extérieur. « C'est ce qui m'a permis d'entrer dans le métier de façon joyeuse et décontractée », me dit-elle.

Elle passe son premier casting à seize ans. Et pas n'importe quel casting ! Il s'agit de *L'Amant*, le film tiré du roman de Marguerite Duras. Jean-Jacques Annaud travaille à la préparation de cette œuvre dont l'action – le passage d'une jeune fille à l'âge adulte – se déroule en Indochine. Marie raconte : « J'avais trouvé l'annonce dans un magazine belge. Je me suis dépêchée de répondre ! »

Avait-elle lu le roman ? Non, sans doute. Avait-elle une idée de ce que le cinéaste voulait faire de ce scénario ? Certainement pas. Pourtant, elle n'a pas hésité à tenter sa chance. Elle voulait devenir comédienne et rien d'autre.

Elle se met en quête d'une photo. Elle en trouve une : elle, en vacances avec papa et maman. Pour faire disparaître les parents, elle découpe le cliché. L'image est envoyée à Paris. La jeune Marie Gillain ne sera pas retenue pour la suite du casting… Mais ce n'est que partie remise.

Dans l'intervalle, elle parvient à se faire admettre au théâtre de Liège. Un jour qu'elle rentre à la maison énervée, furieuse contre la terre entière et pleine d'impatience adolescente, le téléphone sonne. Marie décroche. La personne qui est au bout du fil est une célèbre directrice de casting française. Les coordonnées de Marie Gillain lui ont été communiquées par la production d'Annaud. Elle les avait mises de côté, au cas où.

« Nous avons un rôle d'adolescente, explique cette femme. Vous viendriez à Paris pour un casting ?

– Quel genre de rôle ? demande l'actrice en herbe.

– Un rôle en maillot de bain. Le tournage est prévu à l'île Maurice. Le personnage est la fille d'un père célibataire. Le père est joué par Gérard Depardieu. »

Rien que ça… La carrière de Marie Gillain est lancée.

Le rôle qui lui est proposé lui plaît beaucoup. Voulant s'attirer les faveurs d'un garçon fortuné, une gamine de quatorze ans invente une fiction dans laquelle son père n'est pas son père, mais son amant. Cette expérience offre à Marie l'occasion d'exprimer tout son talent. Elle s'amuse. Elle s'abandonne à la simplicité, à la joie, à la liberté.

Ayant revisionné le film à l'occasion de cette rencontre avec l'actrice, j'ai été frappé par l'aisance de son interprétation. C'est cette qualité, la grâce naturelle, qui la place au rang des grandes actrices. On la retrouve d'ailleurs, cette aisance, dans la séquence finale de *L'Appât*. Les enquêteurs sont stupéfaits par l'inconscience de leur jeune criminelle. Et c'est alors qu'elle leur demande avec une terrifiante naïveté s'ils pensent qu'elle sera « sortie pour les fêtes de Noël »…

Impossible de regarder ce plan sans être saisi d'admiration devant une interprétation aussi juste.

Josiane Balasko

C'est un roc !... c'est un pic !... c'est un cap !
Que dis-je, c'est un cap ?... C'est une péninsule !

Ces vers fameux d'Edmond Rostand, tirés de sa pièce *Cyrano de Bergerac*, résument à mes yeux la personnalité de Josiane Balasko.

On ne le répétera jamais assez : Josiane est en France une grande dame de la comédie. Comédie de mœurs, comédie sociale... Cette actrice s'attache à être toujours en phase avec le monde, avec les enjeux contemporains ; elle adore raconter la vie des invisibles, ces gens dont on ne parle pas beaucoup, pas assez. Elle s'inscrit dans la grande tradition de la comédie italienne telle que représentée par un Dino Risi, un Mario Monicelli, voire, parfois, un Vittorio De Sica : parler avec un humour mordant, et avec humanisme, de celles et ceux dont la vie devrait nous faire pleurer.

On dit que les gens heureux n'ont pas d'histoire et Josiane Balasko l'a fort bien compris. Elle en a même fait la clé de voûte de son travail d'actrice, de dramaturge et de cinéaste, qu'elle signe seule une œuvre comme *Gazon maudit*, par exemple, ou, voilà trente ans, avec ses camarades du Splendid, *Le Père Noël est une ordure*.

Comme chacun sait, la comédie est avant tout un art de l'observation et Josiane Balasko, en la matière, fut à bonne école. En effet, ainsi qu'elle me l'a confié, elle a eu la chance de grandir dans le sein du bistrot familial. « Un endroit ouvert, dit-elle. Oh ! c'était d'abord un petit pas de porte où ma mère préparait des plats à emporter pour les ouvriers qui travaillaient dans le coin. C'est devenu plus tard un vrai bistrot où se croisaient plein de gens de toutes sortes. » Dont les amis de son père, des réfugiés hongrois ayant fui leur pays, en 1956, après l'insurrection de Budapest et la dure répression soviétique. Le bistrot était à deux pas de la gare du Nord où débarquaient ces exilés.

Josiane a nourri son imaginaire de ces existences malmenées, de ces discussions et débats, de ces douleurs exprimées, d'une révolte encore visible sur les figures apeurées. « Normalement, me dit-elle, une gosse est étrangère à ces choses-là. Son univers est limité à des activités scolaires, amicales, familiales. » Tel ne fut pas son cas : née dans une famille modeste, elle s'est enrichie en observant le théâtre de la vie.

Son père était yougoslave – croate, plus exactement. Josiane avait quatorze ans quand il succomba à un cancer du poumon. La famille dut alors quitter Paris pour aller s'installer dans une petite ville de l'Oise. Josiane Balasko a vécu ensuite entre sa mère et sa grand-mère. « Une battante, dit-elle, évoquant cette dernière. Et même une combattante. Elle était pleine d'humour, d'énergie. » Nul doute que cette grand-mère a fortement inspiré notre actrice – qui du reste en convient volontiers.

Après la mort du père, l'adolescente apprendra l'existence d'un demi-frère resté en Yougoslavie. Il était beaucoup plus âgé qu'elle. Ni elle ni son frère n'avaient entendu parler de lui. « Il est devenu pour moi comme un second père, se souvient-elle. Un père de substitution, si on veut. D'ailleurs il l'est toujours resté, jusqu'à sa disparition il y a quelques années. »

Cet aspect de la vie de Josiane Balasko est évoqué dans un film dont elle fut le metteur en scène : *Demi-sœur*. Mais à ce moment-là, la jeune future artiste est encore bien éloignée des planches et des caméras. Elle s'inscrit à l'École des arts graphiques. Et c'est pour ainsi dire le hasard qui l'emmène vers le théâtre. Elle fréquente une amie qui fait de l'art dramatique. Un jour, elle l'accompagne à son cours. Et c'est une révélation. Comme bien souvent, le hasard a fait surgir une nécessité – et donné naissance à un destin.

Nous retrouvons ici Tania Balachova : Josiane, comme Julie Gayet, s'inscrit à son enseignement. C'est le début d'un apprentissage qui compte parmi les plus exigeants qu'un acteur puisse connaître. Elle quittera bientôt le domicile familial. Elle commence à travailler, à écrire, à jouer.

Comme l'époque était différente d'aujourd'hui ! C'était les lendemains de Mai 68. Les spectacles étaient fort peu « financiarisés ». Et le foisonnement – culturel, social, sociétal – était partout à l'œuvre. Le cinéma mourait d'envie d'explorations nouvelles. Le café-théâtre connaissait un vrai boum, à Paris comme en province. Aux créateurs, rien n'était interdit. Tout semblait possible. Sans parler du coût de la vie : le prix d'une entrée n'excédait pas celui d'un verre, et parfois le prix du verre comprenait celui du spectacle !

Josiane Balasko a formé son talent au contact d'un public qu'il fallait en permanence émouvoir et divertir. Par le truchement du rire, essentiellement. C'était une école de l'humilité, du courage et de la sueur que celle du café-théâtre. Mais aussi, bien sûr, de l'indépendance, du partage et de la joie. Nombre de nos grands acteurs en sont issus. Josiane Balasko est de ce calibre-là : c'est une de nos vedettes les plus insubmersibles.

Il ne faudrait d'ailleurs pas la regarder seulement comme une artiste de comédie. Elle sait tout faire, tout jouer, tout mettre en scène. Nous avons en France le défaut de ne pas vouloir confier des emplois dramatiques à ceux qui nous ont fait rire. L'artiste comique Josiane Balasko excelle pourtant dans les personnages sombres, violents, ambigus. Elle n'est d'ailleurs pas la seule. Que l'on songe par exemple au Bourvil du *Cercle rouge* ou des *Grandes Gueules*, au Coluche de *Tchao Pantin*, à la Muriel Robin de *Jacqueline Sauvage*, une production télévisée de diffusion récente. Au-delà, que l'on pense à Charlie Chaplin, à Ernst Lubitsch, à Billy Wilder, à Jacques Tati, à Mario Monicelli, à Gérard Oury, à Yves Robert, à Francis Veber, à la troupe du Splendid, à Pierre Salvadori, à Rémi Bezançon ou à Judd Apatow…

Du reste, le public ne s'y trompe pas. Le problème concerne uniquement les snobs, les « professionnels de la profession », dirait Jean-Luc Godard. Sauf que ces actrices et ces acteurs n'ont pas appris seulement à nous faire rire. Et que faire rire n'est pas plus facile que de faire pleurer. Nous sommes là dans le domaine de la caricature. Et c'est tout simplement stupide. Je ne doute pas qu'Alexandra Lamy partagerait mon avis sur ce dernier point…

Beaucoup ont fait sa connaissance lorsqu'elle passait avant le journal télévisé, ce qui m'empêchait de la regarder. Ils se rappellent ses apparitions pleines d'énergie, de simplicité et de naturel – sans parler de son grand sourire, de sa belle chevelure blonde et de ses grands yeux bleus.

L'émission a duré quatre ans. Quatre années durant, elle a tenu dans *Un gars, une fille* le rôle de la compagne tour à tour blagueuse, tendre et soupe-au-lait. Elle incarnait la femme banalement jalouse et amoureuse – elle était l'amie, la sœur, la belle-sœur, la cousine, la voisine, *the girl next door*, comme disent les Américains : impossible de ne pas s'identifier à un tel personnage. Elle et son compagnon, Jean Dujardin, nous présentaient un miroir de nos tracas, hésitations, mesquineries, doutes et égoïsmes. Nous avions sous les yeux un phénomène drôle et familier : le couple hétérosexuel et populaire d'aujourd'hui. Chaque soir, ils réconciliaient la France des villes et la France des champs.

Une France parfaitement incarnée par Alexandra. Son histoire, en effet, est celle d'une enfant de la province, d'une petite Alésienne qui rêvait de garder des chèvres dans le Gard et qui est devenue comédienne à Paris. C'est l'histoire d'une jolie blonde qui découvre sa vraie vocation – elle aussi – en accompagnant une amie à son cours de théâtre. Celle d'une adolescente qui fréquente le conservatoire de Nîmes à l'insu de ses parents.

Ces gens, qui travaillent beaucoup pour s'en sortir, n'ont aucune envie de voir leur fille aînée devenir comédienne – ou, plus exactement, essayer de devenir comédienne. Ils s'opposent à ce choix. Pourtant, la mère d'Alexandra est elle-même passionnée de théâtre. Le père, lui, est un bon vivant, solide sur ses jambes, bien implanté dans sa vie et qui n'a pas spécialement froid aux yeux. « Mais ils n'étaient pas d'accord, me dit-elle. Ils avaient des peurs, des fantasmes sur le métier – fantasmes qui d'ailleurs correspondent parfois à la réalité. Bref, leurs craintes l'emportaient sur le reste. »

Le père a recours à l'ultimatum classique du « passe ton bac d'abord ». Et Alexandra Lamy, consciemment ou non, échoue au bac. Tandis qu'elle me raconte cet épisode, je songe au film de Gérard Jugnot : *Meilleur Espoir féminin*. C'est l'histoire d'un coiffeur breton confronté au désir de sa fille, jouée par Bérénice Bejo, de devenir actrice. Le pauvre papa est en plein désarroi. Ce scénario est-il vraiment un cliché ? N'est-il pas au contraire l'écho de ce qui se passe souvent dans nos provinces ?

Le conservatoire de Nîmes, donc. La jeune Alexandra en suit les cours clandestinement quatre années durant. Tout en sachant que, si elle veut vraiment aller plus loin, il faudra « monter à Paris ».

Second ultimatum paternel : Alexandra a un an pour réussir. En cas d'échec, ce sera le retour à Alès. « En fait, dit-elle en riant, j'ai pris un aller simple. »

Car Alexandra est une fonceuse. Elle dispose d'une carte maîtresse : l'optimisme. D'aucuns diront : un sacré culot. La preuve ? Quelques années plus tard, elle passe une audition dans une pièce mise en scène par Michel Galabru. Après les essais, Alexandra repart… et revient le lendemain. Galabru lui lance avec son accent rocailleux : « Mais vous n'êtes pas déjà venue hier ? » Réponse d'Alexandra Lamy : « Si, mais hier, vous n'écoutiez pas. » L'actrice est retenue. Ce sera son premier engagement.

De ce culot, de cette énergie, elle fera par la suite son atout principal. Et elle aura besoin d'une forte volonté, après *Un gars, une fille*, pour se battre contre une idée stupide : Alexandra Lamy ne peut jouer que dans des comédies car c'est dans cet emploi qu'elle est aimée du public.

Sa carrière nous a fourni la preuve du contraire. Au théâtre, par exemple, dans *Deux sur la balançoire*, où elle joue avec Jean Dujardin. Et bien sûr au cinéma, dans *Ricky*, le film de François Ozon qui lui offre l'occasion d'une interprétation étonnante. On la verra aussi dans *Possessions*, d'Éric Guirado, dont le scénario s'inspire d'un terrible fait divers, la tuerie dite du Grand-Bornand, qui avait fait la une des journaux en 2003. Sans oublier *Les Infidèles*, un film à sketches dans lequel elle joue avec son compagnon de l'époque – Jean Dujardin toujours – au jeu de la vérité sur le thème de l'infidélité. Le sketch – *La Question* – est tourné par Emmanuelle Bercot. Alexandra s'y montre d'abord en femme trompée, puis en femme adultère. C'est criant de vérité.

Il y a quelques années, j'ai eu la chance de dîner avec elle. Elle nous a reçus avec cette convivialité toute simple qui est la marque d'un talent rare. C'était après *Un gars, une fille* et elle espérait voir sa carrière prendre une nouvelle direction. Elle m'a parlé de son apprentissage en tant qu'actrice : le conservatoire de Nîmes, le cours Florent. Lors de cette formation classique, elle était souvent choisie pour jouer des rôles dramatiques. Elle avait *vraiment* appris à jouer ! m'expliquait-elle. Pourquoi voulait-on absolument l'enfermer éternellement dans le rôle de la jeune rigolote de trente ans ? Elle ne cachait pas son agacement.

Mais cette irritation fut de courte durée. Me regardant soudain droit dans les yeux, elle me livra sa conclusion avec un grand sourire : « On pensera ce qu'on voudra, on dira ce qu'on voudra, j'ai bien l'intention de mener désormais ma carrière à ma guise. » C'est exactement ce qu'elle pensait déjà au sortir de l'enfance.

Aucun doute possible : Laetitia Casta exprime la séduction indomptable. Quand on la regarde, l'expression n'a rien d'un cliché…

Elle a d'abord été mannequin. Elle est à présent une actrice talentueuse et reconnue. « Je me suis toujours défendue d'être un objet », me dit-elle. Malgré les images, malgré les couvertures sur papier glacé, malgré les fantasmes. Elle accepte d'être objet de désir, tout en demeurant parfaitement consciente de ce qu'elle est en réalité, de la place qu'elle entend occuper dans la vie et dans le métier, des personnages qu'elle est amenée à incarner sur les planches comme à l'écran.

Laetitia Casta s'est toujours voulue libre.

Elle a vécu une enfance normande heureuse et douce au sein d'une famille corse dont le père tendrement aimé incarne les valeurs méditerranéennes. À commencer, bien sûr, par le sens de la famille. Laetitia me dit avec cette retenue qui fait toute sa grâce : « Il faut voir aussi les obstacles dressés devant une jeune fille qui aspire à autre chose, à une autre existence que celle qu'on lui assigne ! »

Car dès son plus jeune âge, et jusqu'à l'adolescence, Laetitia rêve d'un ailleurs. Dans le secret de ses nuits d'enfant, elle devine, elle sait que d'autres vies l'attendent. Des vies fort différentes de celles qu'on lui destine. Veut-on faire d'elle une mère corse ? Ce sera tout autre chose. Elle comprend, bien sûr, que les siens veulent la protéger. N'est-elle pas une fille ? Une très belle fille, qui plus est ! Or le monde est un endroit dangereux pour les filles séduisantes. C'est ce que pense son père, sans aucun doute.

Le cocon familial est un milieu chaleureux, gai, protecteur. Le gros de l'année se passe en Normandie. L'été, on part pour la Corse. Mais l'ambiance a là-bas quelque chose d'étouffant. Et l'île de Beauté, ce merveilleux décor, finit par prendre la forme d'une future prison, en dépit de tout ce qui s'y rattache, les plaisirs et les joies de l'enfance. Laetitia me confie avec détermination : « J'avais besoin d'échapper à tout ça. J'avais besoin de fuir. »

Ironiquement, c'est en Corse que l'occasion s'en présente ! L'histoire est connue. La jeune Laetitia est sur la plage avec ses parents, sa famille. Une « bookeuse » vient à passer. Cette femme travaille pour le compte d'une importante agence parisienne. Elle demande aux parents la permission de faire venir leur fille dans la capitale pour une prise de contact avec le milieu de la photo. Le père, évidemment, se montre plus que méfiant. Mais il prend conscience du désir dont sa fille est animée – un rêve qu'il ne soupçonnait pas.

Laetitia a soif de liberté et cette soif fait peur à son père. Effrayé, il voit combien elle a grandi. Il voit aussi qu'elle est forte, pleine de caractère – rien ne saurait l'arrêter, il en prend conscience tout soudain.

La jeune fille a déjà compris tous les enjeux. Avec tact, avec habileté, elle s'efforce de rassurer ses parents : « Ne vous inquiétez pas, c'est juste pour rire. » Elle sait dans son for intérieur que ce n'est pas vrai. Et son père le sait aussi, qui réplique avec humour : « Oh ! de toute façon, tu n'as aucune chance… »

À Paris, la future actrice, alors âgée de quinze ans, fait des essais image avec un photographe. On cherche à savoir si cette beauté exceptionnelle tient ses promesses et offre un rendu satisfaisant. Or à l'agence, bientôt, tout le monde est conquis. Laetitia entre dans la carrière : la voilà modèle, puis mannequin. Elle est précipitée directement dans le monde des adultes. « Je n'ai pas eu une adolescence normale », me dira-t-elle.

Alors qu'elle n'est encore qu'une enfant, elle parcourt le monde, fréquente les podiums, les loges et les studios. Le public la découvre dans les pages et sur les couvertures des magazines. Jean-Paul Gaultier sera le premier à la faire défiler. Il fait même d'elle son égérie. La suite est connue…

Car la vérité, c'est que Laetitia Casta n'est pas une *model* comme les autres. Elle a très tôt compris qu'elle doit *jouer*, endosser un rôle, habiter un personnage. Elle se prête au jeu, puisque tel est son désir, mais en refusant de se laisser enfermer dans un statut de femme-objet.

Quand on feuillette les revues dans lesquelles elle apparaît à l'époque, on est frappé par l'aisance dont elle fait preuve. Toute jeune, elle joue avec un naturel confondant. Le photographe a beau avoir du talent – et les professionnels d'agence n'en manquent pas ! –, il a besoin aussi et surtout qu'une personnalité éclate devant son objectif, il lui faut un instant de vie authentique, un sujet, une *personne* à saisir, non pas seulement un modèle répondant à des canons esthétiques. Le photographe est un artiste qui a besoin de sentiments et d'émotions. Or Laetitia Casta lui offre tout cela. D'où les images extraordinaires auxquelles elle a prêté la grâce de son corps, de son visage, de son regard, de son sourire enchanteur.

Rien de surprenant, donc, dans le fait que Laetitia soit devenue une actrice. Dans ce rôle non plus, elle ne tient pas à se voir enfermée. On l'a vue devant la caméra de Christophe Barratier pour *La Nouvelle Guerre des boutons*, dans *Errance* de Damien Odoul, dans *Le Grand Appartement* de Pascal Thomas, mais aussi interprétant une B.B. mutine, fragile et sensuelle dans le film de Joann Sfar, *Gainsbourg, vie héroïque.* Sans oublier sa prestation pleine de justesse et de légèreté dans *Des lendemains qui chantent,* de Nicolas Castro. De film en film, elle continue de s'affirmer.

Je l'ai dit, elle s'est trouvée propulsée du jour au lendemain dans le monde adulte ; mais sa famille, heureusement, n'a jamais cessé de l'accompagner. Et c'est très certainement ce qui lui a permis d'échapper aux dangers et aux turpitudes d'un milieu à bien des égards violent. Contrairement à bien de ses consœurs, de ses confrères, elle a toujours su se protéger en coupant régulièrement avec la lumière trompeuse du *star-system* pour retrouver celle, plus douce et plus authentique, de ses proches. À Lumio, son berceau corse, et ailleurs.

Et quand je lui demande si elle est gourmande, elle répond : « De la vie. »

Que vous soyez actrice, mannequin ou footballeur, si la célébrité frappe à votre porte, votre famille et vos proches joueront un rôle considérable dans la métamorphose annoncée. Car vous aurez plus que jamais besoin d'être encouragé, protégé et, en quelque sorte, éduqué.

Brigitte Fossey est devenue à six ans une vedette internationale grâce à *Jeux interdits* ; et c'est grâce à la présence de ses parents qu'elle a pu franchir ce cap.

Son inoubliable sourire ne l'a jamais quittée, ni cette blonde chevelure qui éclatait dans les images en noir et blanc de René Clément. Pour ceux de ma génération, mais pour d'autres aussi, Brigitte Fossey reste Paulette, la fillette abandonnée.

Certes, il serait injuste de résumer sa carrière à ce seul film, mais elle y est si juste et si émouvante qu'elle appartient depuis à la grande histoire du cinéma. Sa performance fut d'ailleurs récompensée par un prix d'interprétation féminine au festival de Venise, où elle a supplanté Ingrid Bergman ! Elle a même eu droit à une entrevue avec la reine Elizabeth II d'Angleterre… «J'ai accueilli tous ces honneurs sans vraiment me rendre compte de leur portée, me dit-elle, amusée. C'était la curiosité, surtout, qui prédominait. Et la joie. » Quoi qu'il en soit, l'épisode lui est resté en mémoire avec une netteté incomparable. Et l'émerveillement est toujours là, tant d'années après.

Parlant de son enfance, elle évoque une « fête permanente, un tourbillon de fantaisie ». Ses parents font figure de modèles. Elle apprend très tôt à lire et à écrire. Elle sera aussi la plus jeune nageuse de France. Et la petite Brigitte se passionne déjà pour le théâtre et le cinéma. Sa mère, l'actrice Marcelle Feuillade, l'emmène chaque année au Festival de Cannes.

Et à Cannes, justement, où elle passe des vacances en famille, elle tombe un jour sur une annonce dans *Nice-Matin,* en regardant par-dessus l'épaule de sa tante. Un casting est organisé. On recherche pour un rôle une fillette qui ait entre neuf et onze ans. Brigitte a cinq ans. Qu'à cela ne tienne ! La tante lance un pari à la mère : quand le réalisateur l'aura vue, il la retiendra malgré son jeune âge. Il s'agit de René Clément, l'auteur de *La Bataille du rail.* Son nouveau film est présenté comme un court métrage sur le thème « les enfants et la guerre ». La scolarité de Brigitte n'en souffrira donc pas.

Les parents sont d'accord. Brigitte se rend au casting entre sa mère et sa tante. Mais une fois sur place, les deux femmes décident de rebrousser chemin après avoir croisé le regard du cinéaste. Quelque chose, sans doute, les aura effrayées. La petite Brigitte, elle, n'a pas peur du tout.

C'est alors qu'intervient Bella, la femme de René Clément. Elle parle avec l'accent russe. Elle fait asseoir l'enfant. René Clément s'assied en face. Et il entreprend de lui raconter une histoire, celle de la petite Paulette, orpheline pendant l'exode de 1940, puis recueillie par un garçon plus grand qu'elle.

Brigitte ne reste pas indifférente : elle rit, elle pleure, elle pose mille questions. Elle donne le sentiment de tout comprendre. René Clément a trouvé sa Paulette. Et quant à la petite, elle se promet de bien s'amuser !

On peut lire aujourd'hui encore, sur le visage de Brigitte Fossey, l'expression qui fut la sienne, sans doute, en ce jour de casting, dans le Cannes de l'après-guerre. Tout en observant mon interlocutrice, je me demande où j'ai vu *Jeux interdits* avec une bande de camarades. C'était à Reims. Mais était-ce à l'Eden ? À l'Alhambra ? C'est sans importance. Seul compte le souvenir d'une émotion devant une œuvre qui m'a marqué à jamais. Les grands films forment notre imaginaire et éclairent notre conscience. Ils nous construisent. Ce sont des miroirs de nos existences. Ils ont le pouvoir de nous raconter le monde et de nous y inclure, parfois à notre insu.

Bien que jalousement protégée par ses parents, par sa mère notamment, Brigitte Fossey tournera deux autres films avant d'avoir atteint sa dixième année. « Et les tournages s'effectuaient toujours pendant les vacances scolaires », me dit-elle d'un ton espiègle. Ces films sont *L'Amour d'une mère*, de Carlo Borghesio, et *La Route joyeuse*, de Gene Kelly – en compagnie duquel elle aura la chance de fêter son dixième anniversaire.

Par la suite, elle continue d'aller avec sa mère applaudir au théâtre les grands noms d'alors : Jacques Charrier, Robert Hirsch, Marie-José Nat. Les hasards de la vie ont voulu qu'aujourd'hui, avec Marie-José, Brigitte et Meï Chen Chalais, nous formons une joyeuse bande qui se retrouve régulièrement à une bonne table. Quant au choix d'un métier, elle hésite. Le journalisme la passionne et elle refuse de se laisser influencer par un épisode de son enfance. Ces tournages précoces n'ont peut-être été qu'une parenthèse, après tout. En même temps, ce fut une parenthèse heureuse…

Je songe que c'est peut-être cela, le souvenir de moments heureux, qui la pousse à choisir les planches et l'écran. Petite fille, elle s'est trouvée aussi à l'aise avec le grand acteur Louis Jourdan qu'avec son professeur de français. Pourquoi ne pas continuer ? Il n'y a là aucune paresse. Brigitte a senti qu'elle était chez elle sur un plateau de cinéma et voilà pourquoi elle a choisi de devenir actrice.

Cependant, l'histoire n'en demeure pas moins troublante. Nous sommes en 1966. Brigitte Fossey a vingt ans. Après deux années en hypokhâgne et khâgne, elle étudie la philosophie, tout en étant inscrite au conservatoire de Genève. En fait, elle traverse une période de doutes et d'hésitations. Et sait qu'une lettre pour elle est en souffrance poste restante, mais elle ne se décide pas à aller la retirer. Ou elle l'a oubliée. Elle ne sait absolument pas de quoi il peut s'agir.

Un jour enfin, elle se rend à la poste. On lui propose un rôle dans une adaptation du *Grand Meaulnes* que prépare Jean-Gabriel Albicocco. Que se dit-elle à cet instant, alors qu'elle a encore la lettre entre les mains ? Qu'une telle occasion ne se reproduira pas ? Que c'est un signe du destin ?

Brigitte Fossey accepte le rôle. Elle sera Yvonne de Galais, l'héroïne du *Grand Meaulnes*. Commence alors une carrière qui durera près de soixante-dix ans.

Mathilda May

Pendant de longues années, Mathilda May a souffert de son image. Il y avait un hiatus entre ce qu'elle était profondément et la représentation que se faisaient d'elle le public, voire les producteurs et les réalisateurs. Or aucune comédienne ne devrait être condamnée à devenir en tout et pour tout un objet de fascination et de fantasme.

Cette problématique est fort bien incarnée par le personnage d'Anna Scott, interprétée par Julia Roberts dans *Coup de foudre à Notting Hill*, la comédie romantique de Roger Mitchell. Dans ce film, Julia Roberts a pour partenaire Hugh Grant, le libraire. Quand ils se réveillent dans le même lit, la première réaction de l'homme est de soulever le drap pour s'assurer que ce qu'il vit est bien réel. Anna lui parle alors de Rita Hayworth, la célèbre interprète de *Gilda.* Rita n'a jamais été heureuse. Pourquoi n'a-t-elle pas connu le bonheur ? Parce que le bonheur est lié à l'amour et que l'amour lui a été refusé. Tous les hommes qu'elle rencontrait s'endormaient avec Gilda, la femme fatale, le *sex-symbol*, et se réveillaient avec Rita…

Entre image et réalité, l'écart peut être cruel. N'est-ce pas une célébrité écrasante qui a poussé Mathilda May à déserter les écrans pendant plusieurs années ? Ce n'est pas sans une certaine gravité qu'elle me l'a confié : « Je me suis rendu compte que je n'avais peut-être jamais rien décidé pour moi-même. »

Karin Haïm – la future Mathilda May – a commencé par la danse, une discipline à laquelle tout semblait la destiner, puisque sa mère était professeur de danse et chorégraphe. La fillette ne saurait s'autoriser à rêver d'une autre vie ! Pas question de remettre en cause le projet familial. D'autant que, chez les Haïm, on garde ses distances. C'est un milieu où l'on n'échange pas facilement, où le dialogue est difficile.

Pourtant, danser n'est pas un calvaire pour la petite Karin. Elle est douée, et même très douée. L'artiste est déjà là. Peu à peu, la danse occupera toute sa vie. Elle entre à douze ans au Conservatoire national supérieur de musique et de danse de Paris. Classe de danse classique. Elle y restera quatre ans. « Quatre ans, me dit-elle en rassemblant ses souvenirs. L'ennui me gagnait progressivement. Mais j'apprenais le travail. Autrement dit, l'exigence. Il fallait être perfectionniste. C'était ça ou rien. » Ses efforts seront récompensés par un premier prix.

À la remise des récompenses, son père, le dramaturge Victor Haïm, est présent. Il est accompagné d'une amie, Myriam Bru, qui fut actrice dans les années 1950 et qui est désormais agent artistique. S'adressant à la jeune danseuse, Myriam lui promet un avenir comme actrice de cinéma. Elle répète sa prédiction plusieurs fois. La petite Karin, encore auréolée de son premier prix, ne comprend pas pourquoi on lui répète avec une telle insistance : « Tu deviendras actrice de cinéma. »

Quoi qu'il en soit, grâce à ce succès au Conservatoire, Karin obtient une bourse qui lui permet d'aller étudier aux États-Unis. C'est ainsi qu'elle entre au New York City Ballet, alors dirigé par une star : George Balanchine. L'expérience a quelque chose d'exaltant.

Pourtant, Karin continue de s'ennuyer. Pire : elle ne progresse plus. Du reste, on la cantonne à interpréter des rôles sans relief dans des opérettes de seconde zone.

C'est l'échec. Karin rentre à Paris déçue. « C'était le vide complet », se souvient-elle. Le vide et, sans doute, le sentiment d'un immense gâchis. A-t-elle commis une erreur ? N'aurait-elle pas dû dire « stop » plus tôt ? Alerter son entourage, affirmer que ce chemin n'était pas *son* chemin, mais une voie choisie pour elle par d'autres ? « Je m'en voulais. Je n'avais pas été assez forte. » Mais si jeune, comment aurait-elle pu comprendre que son surprenant talent de danseuse ne faisait que masquer un autre destin ?

C'est Myriam Bru qui la remet en selle. Fidèle à sa première intuition, elle est persuadée que Karin est une future vedette de cinéma qui s'ignore. La jeune femme passe des essais pour un rôle. La production cherche une actrice blonde parlant anglais, elle est brune, mais qu'à cela ne tienne ! Myriam s'obstine dans son idée. Elle croit dans le destin de sa protégée.

Karin sera finalement engagée pour jouer Alice dans *Nemo*, le premier film du réalisateur Arnaud Sélignac. La jeune actrice avoue alors qu'elle n'aime pas son prénom. Sélignac lui conseille d'en changer. C'est ainsi que Karin Haïm devient Mathilda May.

Cette métamorphose la fait entrer dans une autre réalité. Mathilda, petite fille, ne disait rien. Elle était *muette*. Tout se passe comme si le cinéma lui ouvrait subitement la porte du langage. Elle peut enfin s'exprimer ! Elle le fera pour notre ravissement sur les plateaux de tournage en compagnie de Claude Chabrol, de Jacques Demy, de Bigas Luna ; mais aussi sur les planches, au côté de Pascal Légitimus, dans une pièce à succès : *Plus si affinités*.

Ainsi, la comédienne Mathilda May s'est longtemps cherchée. Des années durant, on a décidé pour elle. Puis elle a décidé de prendre en main son destin. Une leçon commune à toutes les personnalités croisées dans ce livre.

Ces questions d'identité relèvent en fait d'une problématique récurrente dans la vie des actrices. Comme Anouk Aimée me l'a fait remarquer un jour : « On passe son temps à devenir une autre, un autre... »

Les hasards de la vie ont fait qu'elle est devenue l'une de mes meilleures amies après le tournage d'un film de Claude Lelouch (*Un homme et une femme, vingt ans déjà*) où je jouais le rôle de son amant.

Souvent je pense à elle, la nuit, quand mes rêves m'entraînent dans le panthéon de mes actrices préférées. Je pense à son regard, à l'élégance qui émane de toute sa personne. Sa voix, surtout, a quelque chose d'ingénu, d'érotique. On aime à célébrer les grandes voix de l'art lyrique ou de la chanson, et comment pourrait-il en être autrement ? Mais il devrait en être de même pour les actrices. Marlene Dietrich aurait-elle eu la même carrière sans ce timbre envoûtant ? Et Gene Tierney ? Lauren Bacall ? Claudia Cardinale ? Brigitte Bardot ? Plus près de nous, Julia Roberts... Ou encore la jeune Adèle Exarchopoulos.

Il suffit pour s'en convaincre de se rappeler *Chantons sous la pluie*, le chef-d'œuvre de Stanley Donen et Gene Kelly : la star du muet Lina Lamont, jouée par Jean Hagen, a une telle voix de crécelle que le cinéma parlant lui est interdit. Traité sur le mode comique, le sujet n'en est que plus frappant. Une actrice, c'est aussi une voix ; et cette voix aussi aide à prendre la lumière.

Sans la voix qui est la sienne, Anouk Aimée non plus n'aurait pas fait cette carrière exceptionnelle. Sa voix, comme son regard, comme sa bouche, est un élément de son identité artistique. Elle a plus que contribué à l'attirer sur les plateaux d'un Federico Fellini, d'un Jacques Demy, d'un Claude Lelouch, d'un George Cukor ou d'un Jacques Becker.

Enfant, la petite Nicole Françoise Dreyfus souhaitait devenir danseuse. « Mais j'étais trop grande, trop maigre », me dit-elle avec une pointe d'humour. Lors de notre entretien, elle s'est souvenue d'un spectacle dans lequel elle devait jouer à onze ans, où elle s'était vu attribuer un rôle masculin en raison de sa grande taille. La représentation était prévue au théâtre municipal de l'Odéon, à Marseille. Mais nous étions en 1943 et les bombardements ont empêché le spectacle de se tenir. Ainsi s'est achevée une carrière de danseuse…

Depuis le début de la guerre, Nicole Françoise se cachait sous le nom de sa mère : Durand. Par crainte des rafles qui menaçaient les juifs, et même les enfants juifs, ses parents l'avaient envoyée en Charente. Elle n'a pas arboré l'étoile jaune. Après la Charente, ce fut la Savoie, puis Morzine, et enfin Marseille, où elle devait assister au débarquement des troupes américaines.

Elle me confie ces souvenirs en accueillant des émotions contraires : « Je crois entendre encore les cris poussés par les gens : "Les voilà ! Les voilà ! Les voilà !" C'étaient eux : les Américains. Depuis le temps qu'on les attendait… »

Cette fois, c'est vrai, ils sont là. La petite Anouk Aimée et sa mère se précipitent sur la Canebière. La fillette n'a que douze ans, mais l'actrice se rappelle le crépitement des tirs : les Américains sont accueillis par les mitrailleuses allemandes. Puis les tanks libérateurs surgissent parmi les glaïeuls en fleur. Dans ses yeux d'enfant, les Américains sont de grands types calmes. « Ils ont l'air, me dit Anouk Aimée, de se déplacer au ralenti. »

Soudain, tout s'accélère. Les Allemands sont faits prisonniers en un rien de temps. Ils ont le visage et les mains en sang. Leurs uniformes, d'ordinaire impeccables, sont souillés. Ils marchent tête baissée. On leur crache dessus. Hier, ils humiliaient ; à présent, ce sont eux qui sont humiliés.

Anouk Aimée me parle de ces événements gravés en elle comme des visions d'horreur. Elle a vécu alors des heures violentes, tragiques. Des heures qui avaient une dimension absurde, aussi. Sans doute ont-elles influencé son destin. Là s'origine peut-être cet humour un rien désespéré qu'elle pratique à la manière d'un art de vivre… « L'absurdité tragique des choses, me dit-elle pensivement. J'en ai pris conscience à ce moment-là. »

Par la suite, c'est à l'école du *maestro* Federico Fellini qu'elle apprendra à ne jamais se prendre au sérieux. « Quelles que soient les circonstances, me dit-elle encore, le rire doit avoir sa place. » Nul doute que cette intuition l'habitait déjà lorsqu'elle n'était encore qu'une fillette, à Marseille, durant ces journées de 1944.

Elle est rentrée à Paris l'année suivante. La vie y reprend son cours tant bien que mal, alors que les traces de la guerre et de l'Occupation sont loin d'être effacées. On se distrait comme on peut. Nicole Françoise et sa mère ont une préférence pour le cinéma. Un jour, en sortant d'une séance, elles tombent sur Henri Calef, metteur en scène injustement oublié de nos jours. La mère de Nicole Françoise le connaît. Quelques mots sont échangés. Calef demande à la jeune fille : « Vous ne voudriez pas faire du cinéma ? J'aurais un rôle pour vous. » C'est ainsi que les choses pouvaient se passer à l'époque…

Nicole Françoise n'a que treize ans, mais on lui en donne seize facilement. Le film s'intitule *La Maison sous la mer*. L'actrice débutante y aura pour partenaire une comédienne alors célèbre : Viviane Romance. Son personnage s'y prénomme Anouk : ce sera son nom d'actrice.

Car elle ne tarde pas à être engagée par Marcel Carné dans *La Fleur de l'âge*, dont le scénario est signé Jacques Prévert. L'œuvre, malheureusement, restera inachevée. Mais le lien est noué avec le poète, qui lui dit : « À quarante ans, tu ne pourras plus t'appeler seulement Anouk. Donc tu vas t'appeler Aimée. Anouk Aimée. » « Que voulez-vous, me fait-elle observer : quand Jacques Prévert en personne vous donne un nom, vous le gardez ! »

Cette rencontre marque une étape décisive de sa carrière. Non seulement Prévert la baptise Anouk Aimée, mais il lui écrit son premier rôle important dans *Les Amants de Vérone*, une adaptation de *Roméo et Juliette* que tournera André Cayatte en 1948.

La jeune femme n'en poursuit pas moins ses études en Angleterre, où est établi son père. Elle ambitionne toujours de devenir danseuse. Cependant les films s'enchaînent et, comme elle me le dit, elle décide de « laisser venir ». Elle alterne les séjours outre-Manche et les tournages en France. Elle mène sa « carrière » un peu en dilettante, fidèle à son principe : surtout ne pas se prendre au sérieux. Pourtant, elle travaille avec les plus grands ! Mais elle sait conserver cette légèreté qui lui va si bien. Cette légèreté héritée de l'enfance. Et qui a fait d'elle une si grande actrice.

LE CINÉMA DES GARÇONS

Les enfants commencent par aimer leurs parents ; devenus grands, ils les jugent ; quelquefois, ils leur pardonnent.

Oscar Wilde

Les graines semées dans l'enfance développent de profondes racines.

Stephen King

J'aime la gaîté simple de l'enfance. Ceux que la vie étonne, que la vie surprend, et qui s'amusent du monde, ceux-là aussi ont la vertu. […] *Ceux qui ont cette gaîté n'ont pas mauvais esprit. Mais c'est simplement que les grandes choses ne sont pas toujours celles qu'on croit, et que la beauté et la vérité n'ont pas besoin d'être sérieuses…*

J. M. G. Le Clézio

Si les actrices m'ont fait et me font rêver, les acteurs me renvoient au garçon que j'étais.

Comme bien d'autres, je suis un fou de cinéma. Je vois toujours au moins deux films par semaine, et ce depuis mes jeunes années. Et s'il m'arrive d'apprécier les grosses productions, les fameux *blockbusters*, je fais aussi mon miel des films « d'auteur » à l'exigence esthétique affirmée. Je n'hésite pas à faire mienne la formule de Jean-Luc Godard : « Le cinéma, c'est la vie en vingt-quatre images par seconde. »

J'ai moi-même fait plusieurs apparitions au grand écran, le plus souvent pour interpréter mon propre rôle – lequel, comme chacun sait, se joue sur le petit... Il est vrai que j'aime être en plateau. J'aime observer les acteurs, les techniciens. J'ai gardé un souvenir ému de Bourvil sur le tournage des *Cracks*, d'Alex Joffé. Je n'avais que dix-huit ans. J'étais un figurant parmi d'autres. Mais j'ai eu la chance que Bourvil me manifeste de l'amitié. Entre deux prises, nous allions à l'écart discuter littérature. Son rire ! Le rire de Bourvil ! Je l'ai encore dans l'oreille. Il était la gentillesse même. Deux ans plus tard, il nous quittait. Il incarnait une idée du cinéma qui m'est chère, souvent mise à mal de nos jours.

Un film a particulièrement marqué ma jeunesse : *Plein Soleil*, une œuvre de René Clément, adaptée par Paul Gégauff d'un roman de Patricia Highsmith. C'est une bonne histoire : Tom assassine son ami Philippe pour s'emparer de sa vie, de son argent et de sa maîtresse. Mais cette bonne histoire est servie par deux acteurs légendaires dont l'*art de vivre* m'a fasciné à l'époque : Alain Delon et Maurice Ronet. Je voyais dans leur comportement une forme de dandysme. Et même, *le* dandysme. J'entends par là le désir de vivre une *dolce vita* sans fin. Laquelle *dolce vita* ne pouvait être dissociée d'une certaine élégance vestimentaire. Le nœud dramatique du film est le plan célèbre où Ronet surprend Delon devant un miroir, essayant ses vêtements. Il s'efforce de capturer la personnalité de son ami, de se métamorphoser lui-même. Combien de jeunes gens de l'époque se sont identifiés à ces deux héros ! Combien auraient voulu leur ressembler !

J'ai revisionné ce film récemment. Il m'a laissé la même impression, exactement. Les deux comédiens ont un magnétisme qui ne vieillit pas. Et le travail des costumes ! C'est le style « Riviera », comme l'ont qualifié certains journalistes : un mixte de légèreté bohème et de bon chic bon genre. Le dandysme balnéaire d'Alain Delon et Maurice Ronet se manifestera à nouveau dans *La Piscine* – où Ronet, une fois encore, périt par la faute de Delon. Comme dans *Plein Soleil*, l'un et l'autre arborent des tenues qui entreront dans l'histoire du vêtement masculin. Il est vrai que, pour séduire Romy Schneider et la toute jeune Jane Birkin, aucun détail ne pouvait être négligé.

D'autres acteurs ont aujourd'hui encore la capacité de m'émouvoir à l'écran comme dans la vie, et c'est le cas de Richard Bohringer. Dès qu'il apparaît, dès que s'élève sa voix de rocaille, l'émotion est là. C'est une voix noire comme l'Afrique qu'il chérit. Richard le magnifique ! Richard, l'acteur à fleur de peau ! Je l'aime à l'écran, mais je l'aime aussi quand il combat les injustices, ou encore quand il célèbre les gens de peu, les paumés et les déglingués, comme dans son roman *C'est beau une ville la nuit*.

Que dire de l'immense Claude Brasseur ? Issu d'une lignée de comédiens et le fils de Pierre, acteur monumental, quasi héroïque, tant à l'écran qu'à la scène, il a dû commencer par se faire un prénom. Il incarne à merveille ceux que Cocteau qualifiait de « monstres sacrés ».

Il y a les acteurs, les vedettes, et puis il y a les metteurs en scène, ceux qui mettent l'œuvre en musique, ceux sans qui les acteurs ne seraient rien... On oublie trop souvent que le cinéma est un langage universel que chaque nouvel artiste enrichit de ses propres inventions, en y apportant, comme dans l'auberge espagnole, sa propre histoire et son propre univers. Chaque cinéaste a sa façon singulière d'approcher l'insaisissable vérité, qu'il se nomme Charlie Chaplin, Ernst Lubitsch, Jean Renoir, Orson Welles, Federico Fellini, Vittorio De Sica, Jean-Luc Godard, Steven Spielberg, Francis Ford Coppola, Claude Sautet, Bertrand Tavernier, François Truffaut, François Ozon, Anne Fontaine – mais il y en aurait tant d'autres à ajouter, ma liste est déjà trop longue...

Luc Besson

Homme libre, toujours tu chériras la mer !

Ce vers célèbre de Baudelaire pourrait définir Luc Besson. Souvent éreinté par la critique, mal aimé de ses pairs, adoré par un public devenu très tôt international, ce cinéaste est une énigme en liberté.

Éternel enfant au visage de nounours – un nounours quelquefois mal léché, il est vrai –, Besson se plaît à conjuguer les rôles. Auteur innovant, passionné, il est aussi producteur. C'est un homme de cinéma au sens complet du terme, du type de ceux qu'il admire au-delà de l'Atlantique : les Steven Spielberg, les George Lucas. Comme eux, il a très vite compris la nécessité d'être indépendant si l'on veut pouvoir travailler en pleine liberté. Cette indépendance a suscité bien des jalousies, mais qu'on le craigne ou qu'on l'admire, Besson fait depuis trente ans les films qu'il a envie de faire, il remporte des succès populaires et produit les œuvres de cinéastes parmi les plus exigeants.

Bien qu'ayant conquis une envergure internationale, c'est dans le pays qui l'a vu naître qu'il entend continuer de donner vie à ses rêves. Comme il me l'a dit lui-même : « Je veux le meilleur pour mon pays. »

Cette indépendance était déjà la marque de l'enfant Luc Besson. Ce petit Parisien l'a goûtée de bonne heure au bord de la Méditerranée, où ses parents étaient instructeurs de plongée sous-marine au sein d'un célèbre club de vacances. C'est là, dans le berceau même de notre civilisation, sur les rivages de la Grèce éternelle, au contact du « grand bleu », qu'il s'est créé un univers entièrement personnel. Loin de la télévision et des consoles de jeux. Loin, même, du cinéma ! Il a grandi en cultivant sa propre liberté, son seul vrai bagage, dans les abysses de ce paradis bleu où ses amis s'appelaient la murène, la pieuvre et le mérou.

L'enfant qu'il a été se réincarnera bien sûr dans le personnage interprété par Jean-Marc Barr dans *Le Grand Bleu* : un adolescent réservé et idéaliste, nourri de rêves et sans autre ambition que celle de faire corps avec une nature dont il se sent si proche, au sein de laquelle il cherche et trouve son équilibre. C'est dans cet univers que Luc aurait voulu vivre. Hélas ! un grave accident de plongée l'éloignera de ces profondeurs et du riche environnement qui avait été le théâtre de sa formation.

Je perçois, lors de notre entretien, combien il reste marqué, aujourd'hui encore, par ce terrible moment. Une rupture s'est produite, qui ne peut être réparée que par une fuite en avant dans l'imaginaire, dans l'art, dans une quête infinie de la beauté. Ce qui s'est brisé lors de cet accident, c'est le monde de l'enfance, le paradis des possibles. Mais le cinéma n'est-il pas lui aussi un paradis des possibles ? Ne trouve-t-il pas son inspiration dans les promesses de l'enfance ?

Très jeune, Luc Besson écrivait et photographiait. Deux ailes, déjà, lui poussaient : l'écrit et l'image. Ces ailes lui permettraient, devenu adulte, de s'accomplir dans le septième art. Déjà, il avait la passion du *faire*. « Je fabriquais plein de choses, me dit-il. Au bord de la Méditerranée. Avec des pierres, avec des morceaux de bois, avec du sable. Mes jouets, je les trouvais dans la nature. Avec ce matériau, je m'inventais des mondes. »

On dirait que notre dialogue établit une continuité entre l'adolescent constructeur, écrivain, photographe, et l'artiste qu'il est devenu. Un vrai travelling ! Un de ceux qu'il affectionne tant et qui permettent de relier sans rupture des séquences de vie. De passer des profondeurs perdues à l'imaginaire qui prend forme à l'écran.

« J'avais perdu un monde, me dit-il rêveusement. Je l'ai recréé en en inventant un nouveau. » Voilà comment Luc Besson en est venu à écrire, à tourner, à produire des films.

La révélation a lieu l'année de ses dix-sept ans. Le déclic n'est pas un film, mais un plateau de cinéma – *faire*, toujours. Le jeune Besson participe à un tournage avec Patrick Grandperret, un artiste récemment disparu, demeuré peu connu bien qu'il soit l'auteur d'un film remarquable : *Meurtrières*. Pour le jeune Luc, ce tournage est une révélation. Il le raconte avec une émotion intacte : « J'étais simple stagiaire. Je suis littéralement tombé amoureux du plateau. C'était pour moi un nouveau monde. J'ai adoré voir se matérialiser les choses à travers les costumes, le maquillage, la prise de son, les rails des travellings avec le talc qu'on met dessus, etc. La caméra, bien sûr ! Les acteurs… »

Le jeune stagiaire a vu ce jour-là « la passion dans les yeux des gens ». C'est alors qu'est né en lui un amour sincère et absolu, celui du cinéma. Cet amour est le moteur qui devait lui permettre d'écrire, de réaliser et de produire *Subway, Le Grand Bleu, Nikita*, mais aussi *Le Cinquième Élément, Angel-A, The Lady* et, plus récemment, *Valerian et la Cité des mille planètes*. Luc Besson produira également la série des *Taxi*, un genre de *Gendarme à Saint-Tropez* transposé à Marseille et dopé aux amphétamines. Il produira enfin les films de cinéastes français parmi les plus brillants, opérant dans des registres et des genres très différents, tels Benoît Jacquot, Xavier Giannoli, Olivier Megaton ou encore Olivier Dahan.

Homme libre, cinéaste libre, Luc Besson a gardé ce regard d'enfant grâce auquel il continue de nous toucher. Un ami m'a fait observer un jour que l'on ne devient pas cinéaste par accident, pour la bonne raison que l'on ne peut pas aimer le cinéma par accident. Le cinéma, on l'aime absolument ou on ne l'aime pas. Cette maxime, selon moi, convient parfaitement à Luc Besson.

Richard Bohringer

L'adverbe *absolument* s'applique aussi au merveilleux Richard Bohringer. S'il est un homme pétri d'absolu, c'est bien lui. Ce mot ne cessait de résonner dans mon esprit tout le temps que dura notre entretien – une conversation tissée de silences, d'hésitation, d'approximations et de regards saisissants.

Richard Bohringer est un boxeur. Il boxe avec la vie. Comme Mohammed Ali, il est à la fois puncheur et esthète, guerrier et poète, passionné et dévorant. Richard Bohringer est un animal.

Son enfance fut cruelle. Ce « fils de Boche », né en 1942 d'un officier allemand et d'une Française, est abandonné par ses parents et confié à sa grand-mère maternelle. À l'âge de six ans, il sera frappé de cécité pendant vingt-quatre mois. Puis il souffrira d'une scoliose et d'une décalcification osseuse qui l'immobiliseront deux années de plus. C'est donc d'une enfance blessée qu'il est question.

Pourtant, interrogé sur ses débuts dans la vie, ce *survivant* me répond qu'il n'a gardé de cette période que des « souvenirs émerveillés ». Il raconte : « Bien sûr, il y avait des problèmes. Mais il y avait aussi de la joie, du partage, des rires. Tout ça avec des camarades de fortune ou d'infortune… » Il songe évidemment aux séjours à l'hôpital, aux dortoirs, à la compagnie des jeunes tuberculeux, comme ce « P'tit Louis » avec qui s'est nouée une amitié, un gosse atteint de la maladie dite « des os de verre ».

La souffrance, chez Richard, est encore bien réelle : je la perçois. Elle éveille en moi des souvenirs de ma propre enfance solitaire et du début de leucémie que j'ai contracté à treize ans. Contrairement à Richard, j'étais entouré de mes proches. Lui n'a pas eu cette chance. Certes, la grand-mère prenait soin de lui. Mais sa mère n'était pas là. « Et la mère, dit-il, on ne peut la remplacer. » Il ajoute : « La vraie vie, ce n'est pas d'aller dans les hôpitaux de l'Assistance publique avec sa grand-mère. »

Heureusement, il y avait les infirmières. Elles ont su se pencher sur lui comme autant de mères, lors des heures douloureuses comme aux moments de joie.

Sa « vraie » mère, il l'a à peine croisée et il ne lui a jamais pardonné de l'avoir livré à la terrible solitude, de l'avoir condamné à vivre en orphelin, à vivre une vie qui n'était pas la sienne, à subir une figure imposée. « Je n'ai pas pardonné et je le regrette », me dit-il aussi, dans un souci de rectification. Et je le crois, car Richard Bohringer est un homme sincère.

Il regrette de n'avoir pas pardonné, mais en a-t-il eu seulement la possibilité ? Il était l'objet de la part de sa grand-mère d'un amour exclusif, dévastateur à bien des égards ; au point qu'elle refusait de l'emmener voir ses parents en Allemagne. Elle y consentira pourtant, quand Richard aura atteint l'adolescence. Les parents habitent alors au bord du Danube. Richard y fait la connaissance d'un frère et d'une sœur. L'épisode ne lui laissera que des souvenirs rares et parcellaires. Ceux, par exemple, d'un pays détruit – comme son père lui-même est détruit, par la guerre évidemment, par le fait d'avoir été fait prisonnier sur le front russe, mais également par l'existence de ce fils abandonné, livré à son destin et qu'il ne voit que fort peu.

Ce que fut la vie de ces quelque deux cent mille enfants nés pendant la guerre d'un père allemand et d'une mère française, il est très difficile de l'imaginer. Il faut l'avoir vécue pour comprendre ce qu'elle signifie. Difficile à imaginer, aussi, le choix des parents : faire de leur enfant un orphelin, quelquefois prisonnier du mensonge. L'explication doit sans doute être recherchée, du moins en partie, dans le contexte de cette période si trouble, si opaque, si tragique et incompréhensible.

Car le mensonge, dans certains cas, est bel et bien présent. Le jeune Richard n'a pas fait exception à la règle. Longtemps, il a cru le récit que lui délivrait sa grand-mère. L'auteur de ses jours, son père, l'autre Richard Bohringer – car tous deux portent le même prénom –, était un *nazi*. L'enfant a cru à cette histoire. Elle était fausse. Son père n'était pas un nazi, mais un simple soldat de la Wehrmacht. En outre, il n'était pas responsable de la situation faite à son fils. Et même, il la déplorait. Tout avait été voulu et organisé par la mère et la grand-mère. « Ma grand-mère ne pouvait pas blairer mon père, raconte Richard. Mais comment lui en vouloir ? » Après tout, il était là, lui le petit Richard ; il était là et bien en vie, grâce à elle.

Richard Bohringer se construira une vie adulte dans ce qu'il nomme « l'errance ». Il grandit en HLM à Deuil-la-Barre, village du Val-d'Oise. Dès l'adolescence, il lui arrive de rester plusieurs jours sans remettre les pieds à la maison. « Au début, dit-il, ma grand-mère appelait le commissariat. Après, elle a arrêté d'appeler. Elle devait comprendre ma réaction, en fait. Elle m'a laissé vivre avec cette colère que j'avais au bout des pompes… »

Le jeune Richard développe alors un « goût de la rue » qui est aussi un goût du voyage et de la découverte. L'expérience lui procurera des éblouissements rimbaldiens devant une existence qui se joue et se tisse au gré des rencontres avec des garçons plus grands – des mauvais garçons, certes, mais qui savent se montrer fraternels avec ce môme en révolte contre le vide affectif qui l'écrase et auquel semblent se résumer son identité et son destin.

Bien sûr, il y a l'école : le collège, puis le lycée. Mais l'école de Richard sera surtout buissonnière. Le besoin d'aventure est trop grand. Là est le salut pour celui qui espère pouvoir abandonner un jour la défroque de l'« enfant de la honte » et devenir enfin lui-même.

Il se trouvera à Paris. À Saint-Germain-des-Prés. Rue Saint-Benoît, exactement. À l'époque où Richard Bohringer est devenu un jeune homme, ce quartier est très loin du cliché pour carte postale qui s'est répandu aux quatre coins du monde ; c'est au contraire un lieu de rencontre vivant, truffé de brillants esprits, d'artistes, d'existences fracturées, de misères et de fantaisies. Un peintre voyou comme le Caravage en aurait fait son miel ! Richard fera ses classes au Club Saint-Germain, un haut lieu du jazz *be-bop* et *hard bop*. Un videur l'autorise un soir à y pénétrer. À descendre visiter les entrailles de la terre. L'expérience durera des années.

La musique entendue au Club Saint-Germain fut un choc pour Richard Bohringer. Elle a fonctionné en miroir – celui de son propre drame. Qu'elle soit jouée par Dexter Gordon, Bud Powell, Miles Davis ou John Coltrane, elle lui ressemble. Elle est sauvage, elle vient des tripes et du cœur. Elle est improvisation, amour et colère. C'est un appel qui célèbre la vie. Une des plus parlantes manifestations de ce cri, c'est *Olé*, l'album de John Coltrane.

Pour Richard Bohringer, cette boîte connue est associée à l'alcool, à la défonce, mais aussi à une famille, celle des musiciens et des poètes. L'amitié y joue un rôle déterminant et, finalement, constructeur. Dans *Quinze rounds*[1], son roman autobiographique, on lit cette phrase : « Un jour, je serai écrivain car j'aime le jazz et les hôtels. »

Il trouve sa voie dans la fréquentation de l'art et des artistes. À la fin des années 1960, il écrit deux pièces pour le théâtre, dont une « petite comédie dramatique », *Les Girafes*, qui sera produite par Claude Lelouch et jouée à la Gaîté-Montparnasse. Vingt ans plus tard, sort un roman poétique à succès, *C'est beau une ville la nuit*[2]. Entre les deux, Richard construit une des plus belles carrières d'acteur de notre temps, grâce à sa gueule unique, grâce à son regard magnétique aussi, grâce à cette puissance animale et bienveillante qui émane de lui comme pour témoigner d'une existence où la douleur épouse le romanesque.

Beaucoup de comédiens sont bel et bien des rescapés de la vie. Pour nombre d'entre eux, jouer veut dire exprimer ce déchirement. Que l'on songe à tous ces êtres dont la souffrance nous est devenue familière : Maurice Ronet, Philippe Léotard, Patrick Dewaere... S'ils atteignent dans leur travail à une vérité rare, c'est qu'ils ont dû composer, depuis l'enfance, avec la tragédie de leur propre destinée.

Richard Bohringer appartient à cette confrérie des génies écorchés.

1. Flammarion, 2016.
2. Denoël, 1988.

Benoît Magimel

Le cinéma, Benoît Magimel est pour ainsi dire tombé dedans quand il était petit. Nous nous rappelons tous le petit Momo Groseille dans *La vie est un long fleuve tranquille* d'Étienne Chatiliez. C'était lui, c'était Benoît Magimel, douze ans. Encore un enfant mais déjà grand. Déjà magnétique, mystérieux. Déjà doté d'un regard, d'un sourire, d'une façon de marcher : tout ce qui fait qu'un acteur saura se faire un nom à l'écran. Bref, à douze ans, Benoît est un comédien prodige.

Pourtant, on chercherait en vain la trace d'une vocation chez ce fils d'un employé de banque et d'une infirmière divorcés. Il n'exprime pas le désir de monter sur les planches ou de jouer devant la caméra. Le milieu lui inspire quelque curiosité, sans doute, mais rien de plus. Par ailleurs, il vit une enfance heureuse. « Je me sentais libre, me dit-il. Libre de toute autorité. »

Pendant le tournage du *Long Fleuve tranquille*, il est parfaitement à l'aise sur le plateau. Il est vrai qu'il est entouré. On le couvre d'attentions. L'équipe se comporte avec lui comme une vraie famille – comme une famille unie, dirai-je. Et il tire de l'expérience un immense plaisir. Les journées ressemblent à des journées de vacances. À tel point que le choc est grand quand tout s'arrête avec le clap de fin. Soudain l'équipe se disperse, chacun repart dans sa direction.

La bulle si agréable où l'on croyait vivre hors du temps a éclaté : il faut revenir à la vie courante.

Qui n'a jamais connu le cafard des fins de tournage doit absolument revoir *La Nuit américaine* de François Truffaut. En particulier la séquence du dîner à l'hôtel avec l'équipe du film. Le personnage de Séverine – interprété par Valentina Cortese – évoque cette circonstance si particulière, propre au milieu du cinéma. Acteurs, réalisateurs et techniciens se sont côtoyés, tutoyés, confiés, aimés, admirés, embrassés, fâchés pendant plusieurs semaines, et tout à coup il faut se séparer pour ne plus jamais se revoir. La communauté magique est dissoute. Elle ne se formera plus. Chacun se sent orphelin d'une aventure. C'est ce qu'a vécu Benoît Magimel pour son premier tournage et l'on comprend que le choc, à douze ans, ait pu se révéler brutal.

On ne peut s'empêcher de penser en l'écoutant qu'il y a eu là un signe, un appel, une vocation : le jeune garçon était fait, sans doute, pour ce métier, et le métier s'est manifesté à lui. Et peut-être s'est-il manifesté comme une planche de salut face aux déceptions de la vie. Toujours dans *La Nuit américaine*, le réalisateur, François Truffaut, s'adresse en ces termes à son acteur, Alphonse, joué par Jean-Pierre Léaud : « Je sais, il y a la vie privée, mais la vie privée, elle est boiteuse pour tout le monde. Les films sont plus harmonieux que la vie, Alphonse. Il n'y a pas d'embouteillages dans les films, il n'y a pas de temps morts. Les films avancent comme des trains, tu comprends ? Comme des trains dans la nuit. Les gens comme toi, comme moi, tu le sais bien, on est fait pour être heureux dans le travail de cinéma. »

Après *La vie est un long fleuve tranquille*, Benoît apparaît dans plusieurs téléfilms et, à seize ans, il décide d'arrêter l'école pour devenir acteur. Son agent le met en garde : « Attention, tu es très jeune. Ta voix peut changer. Les producteurs, les réalisateurs peuvent cesser de s'intéresser à toi… »

Mais Benoît Magimel ne se laisse pas arrêter dans sa course. Il estime désormais qu'il est taillé pour ce métier – au propre comme au figuré. Et il a eu raison car une rencontre décisive l'attend, celle du réalisateur Marcel Bluwal, avec qui il tournera *Les Ritals*, superbe téléfilm adapté du récit autobiographique de François Cavanna. « C'est à ce moment-là, me dit-il, que j'ai compris… J'ai compris que c'était un vrai métier. J'ai compris qu'il allait falloir travailler. »

Dès lors, il mène sa carrière en autodidacte revendiqué, porté par une volonté et une exigence fortes, mais visité sans cesse, aussi, par des accès de doute. Il raconte : « J'avais un besoin frénétique d'être crédible. Il fallait que je sois à la hauteur. »

Tout se passe comme si le fait d'avoir arrêté l'école à seize ans l'obligeait à travailler d'arrache-pied pour tâcher d'être le meilleur, intellectuellement et professionnellement. Suit une belle série d'engagements : *La Fille seule* de Benoît Jacquot, *Déjà mort* d'Olivier Dahan, *Selon Matthieu* de Xavier Beauvois, *La Pianiste* de Michael Haneke, *La Fleur du mal* de Claude Chabrol, *Truands* de Frédéric Schoendoerffer, *Les Petits Mouchoirs* de Guillaume Canet, *Nid de guêpes* et *Cloclo* de Florent-Emilio Siri, *La Tête haute* d'Emmanuelle Bercot…

Pour l'amateur de cinéma que je suis, il y a là de quoi être impressionné ! Cet acteur est un vrai caméléon : il passe d'un emploi à l'autre avec une aisance confondante, trouvant à chaque fois le moyen d'émouvoir son public. Il me fait penser à Lino Ventura, que j'ai bien connu et avec lequel j'ai partagé tant de dîners : c'est un instinctif qui doute, un corps qui pense, un animal du grand écran. L'un comme l'autre, il suffit de les voir manger pour avoir faim. En les voyant aimer, on aime. En les voyant pleurer, on pleure.

Me revient en mémoire un événement auquel nous avons participé tous deux, il y a quelques années, deux ou trois ans peut-être après notre rencontre dans cette émission. Benoît avait pris du poids. Il traversait une période difficile, marquée par divers excès – épisode dont il est heureusement sorti. Nous nous étions salués au cours de la soirée. Puis le hasard a voulu que nous nous retrouvions à la sortie. Nous avons parlé cinéma, bien sûr. Il avait refusé le rôle principal dans le diptyque de Jean-François Richet sur Jacques Mesrine. Comme je m'en étonnais, il m'a expliqué : « C'est simple, je ne me sentais pas du tout fait pour le rôle. Quand je me regarde dans une glace, je n'arrive pas à m'imaginer dans la peau de Mesrine. Je n'avais pas la maturité physique pour ça. »

J'ai été frappé, ce soir-là, d'avoir devant moi un comédien capable de se montrer aussi sincère, aussi humble – et, pour tout dire, aussi professionnel. D'ailleurs il ne regrettait pas sa décision : Vincent Cassel a fait dans ce film un excellent travail.

À la modestie, Benoît ajoutait une autre qualité : la bienveillance.

Didier Bourdon

Tout le monde le connaît ! Il est membre fondateur des Inconnus, ce trio irrésistible qui, dix années durant, a fait rire aux larmes la France entière en croquant notre pathétique air du temps. Mais il est aussi acteur et réalisateur. Il affectionne par-dessus tout les comédies sociales mettant en scène des hommes seuls. C'est le cas dans *Trois Frères,* dans *Garde alternée*, dans *Vive la vie,* dans *Sept ans de mariage* ou encore dans *Madame Irma.*

Oui, la solitude de l'homme contemporain est pour lui une source d'inspiration inépuisable. Les histoires qu'il raconte pourraient d'ailleurs être des drames. Or elles sont narrées sur le mode comique, voire hilarant. Mais la comédie ne tire-t-elle pas sa force de la tragédie humaine ?

Les Trois Frères met en scène des moins que rien, des *outcasts*, ces déclassés tantôt médiocres, tantôt généreux – des hommes. *Madame Irma,* qui s'apparente au prestigieux *Certains l'aiment chaud* de Billy Wilder, conte l'histoire d'un personnage qui se travestit pour gagner sa vie et ainsi se révèle, s'élève, se grandit. Didier Bourdon – c'est chez lui une constante – s'efforce toujours de poser sur ses personnages un regard humaniste. Comme nombre de ses camarades, il est volontiers mélancolique et c'est ce qui m'a frappé d'emblée lors de notre rencontre. Il m'a dit qu'adolescent déjà il cédait à des accès de profonde tristesse : «J'avais l'impression que tout pouvait s'arrêter…

J'avais subitement une peur vertigineuse de tout perdre. »

Sa famille appartient à ce que la France appelait dans les années 1960 ses « rapatriés ». Ces gens avaient fait leur vie en Algérie et soudain, il fallait tout quitter, prendre un bateau et débarquer en Métropole – rien moins qu'une terre inconnue. C'était en 1962. La grand-mère de Didier, bien qu'âgée de soixante-cinq ans, a dû se plier à cet exil. C'est bien sûr dans ces événements que s'est enracinée la fameuse « peur de tout perdre » dont le futur comédien a souffert. Il n'avait que trois ans quand les siens ont vécu ce traumatisme, mais toute son enfance a été marquée par les déjeuners du dimanche au cours desquels s'exprimait avec une émotion parfois violente la nostalgie de l'Algérie. « On ne parlait que de ça », me dit-il.

Ce déracinement s'est prolongé chez lui jusqu'à l'adolescence. Son père était agent EDF. Après leur arrivée en Métropole, il a connu diverses mutations. La famille, d'abord établie à Bourg-en-Bresse, a déménagé ensuite à Courbevoie, Biarritz, Mulhouse et, pour finir, Saint-Germain-en-Laye. « À chaque fois, je perdais mes copains d'école, raconte Didier Bourdon. C'était toujours un déchirement. Un enrichissement aussi. »

Cette expérience, pour redoutable qu'elle fût, lui a appris l'art de l'observation, et cette qualité essentielle qu'est la curiosité. Très vite, il développe une inclination pour la caricature. Il est capable de croquer ses camarades. Il sait aussi imiter Frank Sinatra chantant « Strangers in the Night ». Il amuse la galerie ; il fait rire.

Faire rire : c'est depuis lors ce qui illumine sa vie. Une façon de défier la mort ? Quoi qu'il en soit, telle est sa vocation et tel sera son métier.

Ses véritables débuts ont lieu à Saint-Germain-en-Laye. Il a quatorze ans. Il fréquente la célèbre École nationale de musique, de danse et d'art dramatique et suit l'enseignement de la comédienne Jacqueline Jabbour. Cette professeure est convaincue d'avoir affaire à un élève des plus talentueux. Elle souhaite le voir se consacrer au théâtre et au théâtre seulement. Mais les parents du jeune Didier posent le veto universel : « Passe ton bac d'abord ! » Ils ajoutent pour faire bonne mesure : « Et si tu veux vraiment être acteur, ce sera la rue Blanche et le Conservatoire. »

Didier Bourdon estime aujourd'hui qu'ils ont eu raison de réagir ainsi. Le bac en poche, il intègre le Conservatoire de la rue Blanche, puis le Conservatoire national où il obtient en 1981 le prix de comédie. Il a alors vingt-deux ans. « Comme quoi, dit-il, écouter ses parents peut être une bonne chose. »

Ses professeurs s'appelleront désormais Lise Delamare et Robert Manuel. Il s'inscrira dans la lignée des Sabine Azéma, Daniel Auteuil et Nicole Garcia. Chaque jour, se révèle en lui le futur acteur de talent. Car n'en déplaise à certains, on peut être à la fois « comique » et diplômé du Conservatoire national.

Selon moi, Didier Bourdon appartient à une tradition clownesque. C'est un tempérament lunaire, vulnérable et poète. Sa maladresse déclenche le rire. Il a l'impertinence d'un bouffon – ou du fou de Shakespeare. Et la drôlerie, avec lui, ne manque jamais de faire surgir une vérité cachée.

Claude Brasseur

Claude, c'est avant tout une famille dont l'histoire se confond, cinq générations durant, avec celle du théâtre, puis du cinéma. Le vrai nom de cette famille, c'est Espinasse. Mais Claude, nous le connaissons, comme son père, sous le nom de Brasseur.

Avec lui, il est difficile de ne pas verser dans la célébration. J'admire chez lui sa prodigieuse carrière, d'abord, mais aussi son amour du métier, sa modestie et sa droiture. Claude Brasseur, c'est le talent et la simplicité. C'est un artisan de l'art dramatique. Et comme les dernières grosses pointures de sa génération – dont Belmondo, bien sûr, son grand ami –, il nous fait revivre quelque chose d'une enfance à tout jamais présente.

Fatalement, il était condamné à être à la hauteur, à se montrer digne de la dynastie dont il était issu. Qu'on le veuille ou non, une lignée, ça vous oblige ! En même temps, si vous espérez réussir un tant soit peu, c'est humblement, avec modestie, comme un simple débutant, que vous devez vous mettre au service de la profession.

Claude est le fils de Pierre Brasseur et d'Odette Joyeux. Pierre Brasseur fut un acteur éclatant, tonitruant et fort populaire. On l'a vu dans *Quai des brumes* et dans *Les Enfants du paradis*. Son face-à-face avec Jean Gabin dans *Les Grandes Familles* est un morceau d'anthologie. Sur scène, il a joué Sartre, Anouilh,

Shakespeare... Odette Joyeux aussi était célèbre. Après avoir tourné dans quantité de films et avec les plus grands, elle se consacrera à la littérature.

Le petit Claude – surnommé Claudet – est mis très vite à bonne école, puisqu'il lui est donné de manger le pot-au-feu en compagnie de Jean-Paul Sartre, Maria Casarès, Louis Jouvet, Jean Vilar – pour n'en citer que quelques-uns. Simone Signoret et Yves Montand le feront sauter sur leurs genoux. Son parrain s'appelle Ernest Hemingway. « Tous des collègues de bureau de mes parents », me dit-il en souriant. Claudet ne les regardait pas comme des vedettes, mais comme des familiers. Du reste, ils jouaient le jeu : avec lui, ils parlaient football, école et camaraderie.

Il ne faudrait pas croire, pourtant, que Claudet a vécu une enfance idyllique. « Je ne suis pas un enfant de l'amour mais un enfant du hasard », me dit-il. Odette Joyeux ne voulait pas de lui. Du reste, il n'a pour ainsi dire jamais vu ses parents ensemble. Pierre et Odette regardaient leur fils comme un poids encombrant, un frein à leurs carrières respectives. Ils étaient en bons termes, mais ils n'avaient que leur métier en tête. Le reste ne comptait pas vraiment. D'ailleurs, ils n'ont rien fait d'autre ensemble que jouer la comédie et avoir un fils. Rien n'a été construit en commun. Claude raconte : « Mon père vient me chercher pour m'emmener déjeuner. Ma mère m'habille, me dit au revoir. La porte se referme. Je lève alors les yeux vers mon père et je lui lance : "Je ne savais pas que tu connaissais maman !" »

Claude, aujourd'hui, n'exprime aucune souffrance. Mais a-t-il pardonné à sa mère ? Il s'est ouvert de ce sujet dans *Merci !*, son autobiographie[1]. Peut-être une

1. Flammarion, 2014.

réponse au livre d'Odette Joyeux[1], dans lequel elle écrit que le pire jour de sa vie fut celui où elle apprit qu'elle était enceinte…

J'ai demandé à Claude quels étaient ses rapports avec son père. Il m'a répondu : « Un bon copain. Il était peu présent. J'étais ballotté d'une maison à l'autre. Durant l'année scolaire, j'allais en pension. »

Ses héros sont des sportifs : le contraire de papa et maman. Mais il est vrai que seuls les journaux sportifs ont droit de cité entre les murs du pensionnat. Le petit Claude se construira en admirant les athlètes de son temps : le coureur cycliste Louison Bobet, le boxeur Marcel Cerdan, le gardien de but légendaire Julien Darui. « À l'époque, on ne disait pas "gardien", on disait "goal". Darui, j'ai eu l'occasion de le voir jouer. Mais pas sur un terrain. Dans un cirque, à Reims. J'étais encore enfant. »

Moi aussi, j'ai vu Darui à Reims ! Il animait des intermèdes entre deux numéros de cirque. Quelle pitié… Les spectateurs lui tiraient des pénaltys. Il en était réduit à divertir la foule, c'était navrant. Les carrières des joueurs étaient différentes à l'époque. Nombreux sont les héros du stade qui ont mal vécu la fin de leur période de gloire : tout à coup, ils n'étaient plus rien. Le traumatisme pouvait conduire à des tragédies, comme dans le cas de René Vignal, par exemple, un très grand goal qui connut la prison après avoir participé à des attaques à main armée.

C'est vers la presse et le journalisme que Claude Brasseur décide de s'orienter d'abord. « Peut-être, me dit-il, parce que je ne voulais rien devoir à mes parents. » Mais quand on appartient à une

1. *Côté jardin. Mémoire d'un rat*, Gallimard, 1951.

descendance de comédiens, le destin se charge de vous remettre dans le droit chemin !

Son père a une suggestion pour lui : un reportage sur la comédienne Elvire Popesco qui vient de rénover sa salle, le Théâtre de Paris. Le jeune reporter se rend sur place, rue Blanche. La grande dame, stupéfaite, s'exclame en roulant les « r », avec son célèbre accent roumain plein de charme : « Qu'est-ce que ça veut dire ? Avec un nom comme le tien, tu ne vas tout de même pas faire le journaliste ! Viens, que je te fasse tout de suite signer un contrat. »

Ainsi commence une carrière de comédien. À dix-neuf ans, Claude Brasseur est engagé dans le *Judas* de Marcel Pagnol. Mais il est timide et sa famille lui inspire le plus grand respect. Aussi demande-t-il à paraître sur l'affiche sous le nom d'Espinasse. Son père lui dit alors : « Mais tu es complètement con ! D'abord, tout le monde saura que tu es mon fils. Ensuite, je te rappelle que Brasseur n'est pas mon vrai nom ! » Claude s'efforcera d'en être digne durant le reste de sa carrière.

Il décide de s'inscrire au cours d'art dramatique de Raymond Girard et René Simon. Puis viendra le Conservatoire de Paris, où il s'intègre à une fameuse équipe : Jean-Paul Belmondo, Bruno Cremer, Françoise Fabian, Jean-Pierre Marielle, Annie Girardot, Michel Beaune, Jean Rochefort, Claude Rich… Avec ce dernier pour partenaire, bien des années plus tard, il donnera sur les planches un *Souper* mémorable qui dépassera les neuf cents représentations.

Plus récemment, il a repris son rôle de râleur bienveillant dans *Camping 3* de Fabien Onteniente.

On peut ne pas aimer ce film, ni la prestation du comédien, mais son personnage propose un clin d'œil émouvant. Ce Jacky Pic, las de s'ennuyer, décide de feindre la maladie d'Alzheimer. On lui souhaite de garder encore longtemps sa santé pétulante…

Quand il est venu dans l'émission, nous avons parlé de son œuvre, de sa conception du métier, de sa contribution au cinéma français et du genre inventé par lui : le polar politique. Mais il a été peu question, finalement, de son enfance. Il me semble pourtant que nombre de ses œuvres peuvent être regardées sous ce prisme.

Lorsque je l'ai interrogé sur la dimension engagée de son travail, il m'a répondu ceci : « J'ai toujours été intéressé par les hommes qui souffrent du pouvoir politique. Par la façon dont le pouvoir s'exerce sur les gens. Par la façon de traiter les citoyens. » Je pense qu'en fait il faisait allusion à son père, militant anti-royaliste et communiste pendant la Seconde Guerre mondiale, et qui en a payé les conséquences.

Les choix du père, c'est indéniable, ont marqué l'enfance du fils. « L'époque était terrible, me dit-il. La mort était partout. » La Grèce était le théâtre d'une guerre civile où s'affrontaient les soutiens à la monarchie et les anciens résistants du Front de libération nationale. « On tuait les gens jusque sous nos fenêtres, raconte Costa-Gavras. C'est un miracle que mon père ait survécu. »

Après le rétablissement de la monarchie, le jeune Constantin est envoyé chez son grand-père, qui lui aussi se prénomme Constantin. Dans ce village, à dix-huit kilomètres d'Olympie, il mène une vie de petit paysan. Commence pour lui un épisode « hors du temps », baigné de lumière et du parfum des oliviers. Ce sont les Champs élyséens chantés par Homère : une terre où la vie la plus douce est offerte aux humains. Ce sera aussi le paradis perdu du futur cinéaste car la répression politique, désormais, fait rage dans tout le pays.

À l'âge de dix-neuf ans, Constantin est obligé de fuir. Il part pour la France, où il étudie d'abord à la Sorbonne, puis à l'Idhec, l'école de cinéma parisienne qui deviendra la Femis. Il fait ses débuts dans le métier comme assistant de grands réalisateurs – René Clément, Jacques Demy, Henri Verneuil –, avant de devenir scénariste et réalisateur de ses propres films.

Des films qui racontent souvent l'histoire d'un opposant. Si *Z* et *Missing* décrivent la répression exercée par des dictatures de droite, *L'Aveu* dénonce la tyrannie à l'œuvre dans les pays communistes, au-delà de ce que l'on appelait le « Rideau de fer ». Quant au scénario de *Music Box*, il met en scène une avocate qui prend la défense de son père, poursuivi en Hongrie pour crimes de guerre durant la Seconde Guerre mondiale.

Le thème fondamental de Costa, c'est la liberté. Et la liberté, c'est précisément ce dont il a été privé. Le sujet touche tous les publics car il s'adresse à la conscience de chacun. Costa-Gavras, en le déclinant au fil de ses œuvres, montre qu'il est possible de produire un cinéma engagé tourné vers le plus grand nombre.

Yves Boisset

Dans les années 1970, ses films étaient attendus avec une grande excitation. En Italie, en Allemagne, aux États-Unis et bien sûr en France, le cinéma politique était un genre à la fois transversal et complet. Yves Boisset aimait s'y frotter pour en faire un thriller (*L'Attentat*), une chronique sociale (*Dupont Lajoie*), un film de guerre (*RAS*), un film noir (*Le Juge Fayard, dit le Shériff*), un drame (*Allons z'enfants*) et même un film d'anticipation (*Le Prix du danger*).

Il portait le fer dans les plaies de la France contemporaine. Il aimait s'emparer d'un sujet brûlant et s'en servir pour nous bousculer, heurter notre confort intellectuel et bien-pensant : l'affaire Ben Barka, le racisme ordinaire, la guerre d'Algérie, les liens entre grand banditisme et monde politique, les services spéciaux de l'époque gaulliste ou encore les dérives de la société de consommation.

Mais la fin des années 1980 a vu émerger un cinéma plus « divertissant »... Boisset a dû se tourner vers la télévision, où il a repris un flambeau qui depuis toujours était le sien en tournant des productions engagées comme *L'Affaire Dreyfus* ou *L'Affaire Salengro*. Insolence, insoumission, courage : que l'écran soit grand ou petit, Boisset n'a jamais voulu changer de propos et de défi. L'idée qu'il se faisait de son métier est demeurée la même.

À l'instar de son camarade Costa-Gavras, il ne mettait jamais en scène des discours. Il avait à cœur d'écrire et de réaliser des films dotés d'une intrigue parfaitement construite et donc passionnante à découvrir. Ses scénarios, même inspirés de faits réels, étaient les partitions d'une œuvre dramatique au sens le plus fort du terme : le spectacle de la vie et de la mort. Ils s'attachaient toujours à mettre en scène ce climat de tension, de doute et d'insécurité qui donne au spectateur des frissons de peur et de plaisir mêlés. L'angoisse, les menaces parfois invisibles qui pèsent sur nos vies : telle est la matière dans laquelle Boisset puisait son inspiration. Qui d'entre nous peut prétendre être à l'abri d'une balle perdue ?

Yves Boisset m'a raconté une anecdote à ce sujet. À la Libération de Paris, une messe fut célébrée à Notre-Dame en présence du général de Gaulle. Le jeune Yves assistait à ce service avec sa mère. Alors qu'on entonnait le *Te Deum*, des coups de feu ont retenti hors et dans la cathédrale. Le jeune garçon et sa mère ont voulu s'échapper, mais une telle panique régnait qu'ils ont été séparés. Le jeune Yves, abandonné à lui-même, fut piétiné par la foule. Quelques minutes plus tard, il parvenait à sortir. Ayant retrouvé sa mère, il apprend que les coups de feu ont été tirés par des miliciens réfugiés dans l'église, et que ces hommes avaient pour objectif d'assassiner de Gaulle.

L'enfant de six ans n'a connu jusque-là que la guerre, c'est-à-dire un climat de menace permanente. Des bombes sont tombées à quelques centaines de mètres du domicile familial, au sud de Paris, entre la porte Brancion et la porte de Vanves. La Libération ne verra d'ailleurs pas la fin du bruit et de la fureur. Quelque temps après cette messe interrompue à

Notre-Dame, toujours dans son quartier, Yves Boisset assiste en pleine rue à une séance traumatisante : une femme tondue sur le front de laquelle des résistants de la vingt-cinquième heure tatouent une croix gammée.

« Avec tout ça, je n'ai pas pu avoir une enfance heureuse », m'a-t-il dit. Il fut par la suite un jeune homme en colère qui entretenait de mauvais rapports avec ses parents. « Je n'ai pas été un fils facile… » Est-ce parce qu'il voulait s'acharner à *comprendre ?* Parce que seule la *vérité* l'intéressait ? Quelle était la vérité de cette femme tondue publiquement ? Quelle était celle des miliciens qui n'avaient pas hésité à ouvrir le feu dans un sanctuaire ? Quelle vérité se cache sous l'affaire Ben Barka ? Sous le suicide de Roger Salengro ? Quelle vérité nous est révélée par la guerre d'Algérie ? Par l'affaire Dreyfus ?

Le plus grand film d'Yves Boisset reste peut-être *Dupont Lajoie,* avec Jean Carmet et Mohamed Zinet. C'est l'histoire du racisme ordinaire, celui qui finit en tragédie. Une œuvre totale inspirée par la vie dans ce qu'elle a de plus quotidien, de plus prosaïque – et de plus dangereux parfois. « J'ai toujours eu une passion pour les faits divers », me dit Boisset.

Il a d'ailleurs travaillé à *Paris Jour* pour se faire un peu d'argent, à l'époque de sa prépa à Louis-le-Grand. Ce journal, qui n'existe plus aujourd'hui, s'était spécialisé dans le fait divers. Le jeune reporter « faisait les commissariats », selon l'expression de l'époque. Bref : les chiens écrasés. À cela près que les chiens écrasés possédaient leur charge de *vérité*. Yves Boisset sait de quel poids ils ont pesé sur son œuvre, parce qu'ils nous racontent et nous mettent face à ce que nous sommes vraiment.

Gérard Jugnot

Si Yves Boisset s'est attaché à raconter la France dans ce qu'elle a de plus sombre, il est des acteurs qui s'entendent à l'incarner dans son ordinaire. Un ordinaire bien plus complexe qu'on ne l'imagine, du reste, car nourri par les innombrables formes de la mesquinerie humaine. Et quoi de mieux que la comédie pour en rendre compte ?

Longtemps Gérard Jugnot a incarné le « Français moyen », voire la caricature du Français hexagonal ordinaire. Il arborait la moustache qui convient au personnage. On croyait voir en lui le tire-au-flanc, le pingre, le sournois : en somme, le contraire de ce que cet homme incarne dans la vie. Alfred Hitchcock le disait en substance : mieux vaut partir du stéréotype que d'y arriver. C'est exactement ce que Gérard Jugnot fait depuis le début de sa carrière : il part du stéréotype.

Voilà maintenant quarante ans qu'il invente et interprète des personnages de tous les jours confrontés à l'extraordinaire. Dans ses histoires, l'homme caricatural évolue, grandit, se grandit et nous dit ce que nous savons déjà sans oser nous l'avouer : à savoir qu'aucun de nous n'est jamais peint d'une seule couleur. Nous sommes bien plus complexes que nous ne le laissons voir, du fait de l'étiquette dont nous sommes généralement affublés.

Comme il me l'a raconté dans *La Traversée du miroir*, Gérard vient d'une famille de « Français moyens ». Entendre : cette classe moyenne de la banlieue parisienne qui caractérise si bien les années 1950. Il a vécu d'abord à Vincennes, puis à Puteaux. Le père était artisan et la mère, « femme au foyer » – selon une expression jadis consacrée et désormais quelque peu désuète. « C'était tristounet, comme enfance », dit-il.

Il semble que le petit Gérard se soit beaucoup ennuyé – lui qui ne nous ennuie guère. Il y avait toutefois un temps de récréation : le samedi soir, quand ses parents l'emmenaient au cinéma dans les salles parisiennes. Ses souvenirs de l'époque sont habités, entre autres, par les films d'André Hunebelle : *Le Capitan* avec Jean Marais, *Les Trois Mousquetaires* avec Georges Marchal dans le rôle de D'Artagnan. À la même époque, à Reims, les mêmes films me faisaient rêver…

« Le cinéma était pour moi une parenthèse enchanteresse », me dit-il. Soudain le temps se trouvait suspendu – je pense au jeune Antoine Doinel des *Quatre cents coups*, ce garçon qui voudrait si fort échapper au terne quotidien. J'imagine sans peine que l'esprit de Jugnot s'est formé dans ces salles obscures du samedi soir. C'est là qu'il a trouvé sa voie. C'est cette brèche ouverte dans un univers monotone qui devait lui donner l'idée de « faire le clown ».

Cette idée sera confirmée par la rencontre, au lycée Pasteur de Neuilly, d'un groupe de copains survoltés. La bande compte parmi ses membres tout le gratin du futur cinéma comique français : Christian Clavier, Michel Blanc, Thierry Lhermitte… Dans cette bande des quatre, chacun est différent. Mais les personnalités se complètent – comme les mousquetaires d'Alexandre

Dumas. Les camarades, devenus inséparables, créent leur propre troupe de théâtre amateur sur les bancs du lycée. Mais Gérard Jugnot, lui, ne veut pas être comédien. Son ambition est de réaliser des films. D'ailleurs, c'est lui qui anime le ciné-club du lycée. «Je n'avais pas le choix, m'a-t-il confié. Les autres avaient d'autres options, mais pas moi.»

En effet, Thierry Lhermitte projette de faire des études scientifiques. Christian Clavier souhaite entrer à Sciences Po. Michel Blanc, lui, est fou de piano : il joue et compose. Aucun de ces jeunes gens n'envisage sérieusement de devenir comédien. C'est Jugnot qui se chargera de les convaincre. Ils finiront par suivre ensemble l'enseignement d'une grande actrice, Tsilla Chelton – l'inoubliable Tatie Danielle du film d'Étienne Chatiliez. Le groupe en viendra à créer son propre théâtre : le Splendid.

Nous sommes alors dans la France créative et déjantée de l'après-68. Une France où tout est permis. Où les cafés-théâtres jouent le rôle que tiendra la télévision dans les années 1980 et 1990, puis l'Internet dans les années 2000. Ces cafés-théâtres où se révélaient mille talents. Le Café de la gare permet à Coluche, à Romain Bouteille et à combien d'autres de sortir de l'ombre – Patrick Dewaere, Gérard Lanvin, Miou-Miou et Gérard Depardieu viennent de là. Ce fut une aventure collective, comme tout ce qui se créait alors – collective, généreuse et belle. « C'est grâce à ce phénomène que j'ai réussi », raconte Jugnot.

Il a réussi parce qu'ils étaient ensemble. Parce qu'ils formaient une troupe. Auraient-ils eu pareille carrière séparément ? On peut en douter. « En tout cas, reconnaît Gérard avec sincérité, je ne me serais jamais lancé tout seul. »

Voilà qui eût été dommage ! Nous n'aurions connu ni Bernard, ni Félix, ni Berthier, ni M. Batignole, ces êtres « comme vous et moi », tantôt lâches et tantôt bons, tantôt minables et tantôt touchants, toujours profondément humains, en somme, comme ceux qu'incarne Josiane Balasko, son amie, sa camarade.

J'avais été touché par un film peu connu interprété par Gérard Jugnot : *Les héros n'ont pas froid aux oreilles*, sorti en 1979. Jugnot en est aussi le coscénariste, avec le réalisateur Charles Nemes – encore un ex-condisciple du lycée Pasteur. Il raconte les mésaventures de deux cousins, des vieux garçons qui partagent le même appartement, travaillent dans la même banque… et s'ennuient. Un jour, pour se distraire, ils décident de partir en week-end à Bruges, au volant d'un break Ami 8, voiture emblématique des années 1970. Une jeune fugueuse se chargera de bouleverser l'existence monotone et grisâtre des deux compères. Ce film est un ovni né du café-théâtre. Mais il est d'une justesse incroyable. Jugnot incarne en un seul plusieurs des personnages qui, par la suite, le rendront célèbre dans d'autres productions telles que *Pinot, simple flic*, *Une époque formidable* et, bien sûr, *Monsieur Batignole.*

Gérard Jugnot est issu de ce milieu modeste, voire morose, qu'il se plaît à décrire avec tant de précision, d'ironie et d'attachement sincère. Comme si son travail de comédien se nourrissait entièrement de sa propre jeunesse. Grâce à lui, grâce à son enfance encore et encore revisitée, c'est « monsieur Tout-le-monde » élevé au rang de héros universel.

CEUX QUI RESTENT QUAND ON A TOUT OUBLIÉ

Les enfants ne s'étonnent de rien et s'émerveillent de tout.

Marguerite Yourcenar

Que notre enfance nous fascine, cela arrive parce que l'enfance est le moment de la fascination, est elle-même fascinée, et cet âge d'or semble baigné dans une lumière splendide parce qu'irrévélée.

Maurice Blanchot

Les images de l'enfance ne se décolorent ni ne s'effacent.

Andreï Makine

Peur des bouleversements numériques, des menaces environnementales, des attentats : nous sommes déboussolés sur cette terre dangereuse, où chacun s'efforce de survivre comme il peut. Heureusement, nous avons encore ceux qu'en France nous appelons « les intellectuels ». Ils représentent un bien précieux pour les perspectives qu'ils nous ouvrent. Surtout, ils continuent de penser notre liberté. Grâce à eux, et pour citer les titres de deux ouvrages de Matthieu de Boisséson, nous pouvons « échapper aux tueurs » et « défoncer la cage[1] ».

Si j'écris, c'est pour dire merci à des auteurs qui m'ont aidé à tenir debout : Saint Exupéry, Malraux, Kessel, Morand, Hemingway et bien d'autres. Je m'essaie à un dialogue avec ces écrivains-aventuriers. Et ce n'est pas sans avidité que je le poursuis avec les consciences de notre temps – poètes, romanciers, philosophes –, en me plongeant dans leurs œuvres.

Il arrive que je ne partage pas leur avis. Et alors ? Où est le problème ? L'art de confronter les opinions, de « frotter nos cervelles », comme disait Montaigne, n'est-il pas une exquise façon de pimenter nos existences ? « Je hais vos idées, dit Voltaire, mais je me ferais tuer pour que vous puissiez les exprimer. » Que cette profession de foi m'est chère ! Mon ami Jean-Edern Hallier aimait à la citer. Il l'a fait notamment en

---

1. *Échapper aux tueurs* (2011) et *Défoncer la cage* (2016), deux romans parus aux éditions Gallimard.

1989, quand il a pris la défense de Salman Rushdie, le romancier condamné à mort par une *fatwa* immonde.

Jean-Edern avait à cœur d'ouvrir aux plumes de son temps les colonnes de son journal, *L'Idiot international.* Les intellectuels et les artistes invités y jouissaient d'une liberté absolue. Il les accueillait aussi sur le plateau du «Jean-Edern's Club», son émission littéraire. Voilà vingt-deux ans maintenant qu'il a succombé à une crise cardiaque sur les planches de Deauville, et nous avons encore du mal à nous passer de son esprit éclatant, dérangeant et provocateur.

Quand je regarde en arrière, je vois que la littérature m'a plus occupé que le journalisme. J'ai écrit mon premier roman à l'âge de dix-sept ans. Intitulé *Les Enfants de l'aube*[1], il ne serait publié que beaucoup plus tard, en 1982. Depuis, je n'ai jamais cessé d'écrire. Tout en entretenant – et avec quel plaisir ! – une relation privilégiée avec mes lecteurs, ces précieux inconnus que j'aime tant rencontrer. Mais pendant toutes ces années, je n'ai pas fait qu'écrire. J'ai essayé de mettre en valeur des livres d'autres écrivains, comme en témoigne la liste de mes émissions littéraires – « Ex-Libris », « Place aux livres », « Vol de nuit », « Vive les livres ! » – diffusées par TF1, LCI et CNews. J'ai la passion des mots et c'est cette passion que je me suis efforcé de transmettre. Mes programmes ont pu agacer les pisse-froids ou irriter ceux qui n'y étaient pas invités. Leur succès a suscité chez eux de la jalousie. Mais qu'ils se rassurent : je n'ai aucune intention de baisser les bras ni de changer de cap, de sorte qu'ils pourront toujours cultiver leur aigreur.

1. Lattès, 1982.

Les livres sont ma respiration. Quand on posait à Samuel Beckett la question : « Pourquoi écrivez-vous ? », il vous sortait la réponse parfaite : « Bon qu'à ça ! » Moi aussi, j'ai le sentiment profond de n'être « bon qu'à ça ». Je ne sais faire au fond que lire et écrire. M'enchanter des mots. Adorer l'objet livre. Paul Morand a fait d'une jolie formule le titre d'un ouvrage instructif et charmant : *Monplaisir… en littérature*[1]. Je ressens ce plaisir. Il vient d'ailleurs de loin. C'est un virus que j'ai attrapé à l'âge de douze ans, alors qu'un autre virus me clouait sur une chaise longue, dans un sanatorium.

Durant toute une période, à Reims, je n'ai eu droit qu'à de brèves promenades. Elles me conduisaient toujours passage Subé où je savais trouver ma caverne d'Ali Baba, un bouquiniste dont les casiers regorgeaient de « livres à un franc ». C'était l'époque où triomphait le Livre de Poche, collection un temps dirigée par Roger Nimier, qui proposait souvent des couvertures évocatrices. Une préface, signée d'un écrivain de renom, offrait une entrée en matière, guidait les pas du lecteur, levait le secret de telle ou telle œuvre classique…

C'est alors que j'ai décidé d'entrer en littérature comme on entre en religion : par vocation. Et je me suis donné une méthode : lire tous les livres de cette collection en commençant par le numéro 1, en continuant par le numéro 2, et ainsi de suite, ce qui était assez absurde. Le Livre de Poche mettait à ma disposition la bibliothèque idéale – la « bibliothèque de l'honnête homme », comme on ne le dit plus de nos jours. Le premier roman paru dans cette collection,

1. Gallimard, 1967.

celui qui portait le numéro 1, était *Kœnigsmark*, de Pierre Benoît. Une blonde ravissante étalait ses charmes en première de couverture, ce qui ne gâchait rien. Puis venaient *Les Clés du Royaume* de l'Écossais Archibald Joseph Cronin, et, plus tard, *Vol de nuit* de mon cher Antoine de Saint Exupéry, *L'Adieu aux armes* d'Ernest Hemingway, et ainsi de suite.

Hemingway fut un tel choc pour moi que je décidai de mettre fin à cette méthode sérielle. La littérature américaine m'avait pris dans ses filets. Ma bibliothèque s'est ouverte subitement à Faulkner, Caldwell et Steinbeck. On était alors en pleine Guerre froide. Des Américains aux Russes, le pas fut vite franchi. Mes nouveaux compagnons de route s'appelèrent bientôt Tourgueniev, Pouchkine, Gogol, Tolstoï, Tchekhov, Lermontov, Gorki. À mes yeux, le plus grand de tous était Fédor Dostoïevski. Je ne cessais de le relire. Il redessinait les contours de mon âme slave (cette alternance de hauts et de bas très intenses).

La lecture était mon addiction. Il m'en fallait toujours davantage. M'étant aperçu que j'avais quelque peu négligé les auteurs français, j'ai résolu de me rattraper. Je me suis plongé d'abord dans les classiques : Émile Zola et ses Rougon-Macquart, mais aussi Stendhal, Hugo, Musset le romantique, Nerval, Lautréamont. Je préférais Camus à Sartre, chez qui l'engagement ressemblait trop à un « encagement ». J'ai été aussi très vite séduit par ceux que certains regroupaient sous l'appellation « les 5 M » : Malraux, Montherlant, Maurois, Mauriac, Morand.

Entouré de livres, j'étais heureux. Je bâtissais ma cathédrale. Je crains que ce sentiment, de nos jours, soit de moins en moins partagé. Je pense à ce sketch d'un humoriste pour adolescents qui fait fureur en ce moment. Le pire cadeau que l'on puisse recevoir pour son anniversaire ? Un livre. Voilà qui fait froid dans le dos. Est-ce donc là que nous en sommes ? J'ai peine à le croire ou à l'admettre car ma bibliothèque est mon bien le plus précieux. Elle s'est construite et enrichie au fil du temps, comme une œuvre à part entière, comme une maison. Le plaisir et la curiosité l'ont nourrie. Elle se partage entre Paris et ma maison bretonne. Et combien de volumes sont passés de l'une à l'autre !

Un jour mon fils, François, a voulu s'amuser à compter mes livres. Il y en avait plus de vingt mille. Oh ! tous n'ont pas été lus. Mais tous m'intéressent. Tous sont destinés à me passer entre les mains, à être humés, scrutés, dévorés parfois. Mes livres, c'est le royaume de mes songes.

À l'âge de dix-huit ans, telle était ma passion de la littérature que j'écrivais aux écrivains. Mes lettres, bien sûr, étaient naïves, enflammées. Il m'arrivait de trouver dans ma boîte une réponse signée André Malraux, Joseph Kessel, Pierre Emmanuel, Patrice de La Tour du Pin… Celle de Kessel, datée du 30 décembre 1965, semble écrite à l'encre de l'espérance :

Votre lettre est un très beau cadeau de nouvel an. Par ce que vous dites et la manière dont vous le faites, vous aidez un homme, qui a eu dans son destin beaucoup d'étoiles heureuses, à croire que, d'elles, il n'a pas trop démérité. Je ne vous remercie pas. Ça n'aurait pas de sens. Mais laissez-moi vous tenir, malgré la différence d'âge, pour un camarade rare en ce temps. Et je vous souhaite de porter cette ardeur, cette générosité à vivre jusqu'au bout, à travers tout.

J'avais reçu la même année un mot d'André Malraux :

Ce dont vous parlez n'existera sans doute qu'après ma mort. Mais je vous suis reconnaissant de le souhaiter, et d'avoir eu l'intention de me le dire.

Le 8 février 1966, le poète Patrice de La Tour du Pin, auteur d'une merveilleuse *Quête de joie*[1], m'écrivait à son tour une lettre pleine de sensibilité :

Votre lettre me touche profondément, mais je crois que je dois d'abord vous dire que j'ai eu beaucoup de chance – plutôt beaucoup de grâces – dans ma vie. C'en est une que d'avoir du temps libre, surtout en cette époque ; une autre que d'avoir seulement à me battre contre moi-même – et le langage bien sûr – pour mener la vie que j'aimais, une autre d'avoir pu dessiner à gros traits, dès mes dix-huit ans, une œuvre que je n'ai pas encore terminée... Je n'aurai probablement jamais beaucoup de lecteurs, mais cela n'a pas d'importance : il s'agit de reconnaissance, dans tous les sens du terme.

Je fus heureux de lire ces mots, je ne le suis pas moins aujourd'hui. Patrice de La Tour du Pin m'a offert une leçon de vie poignante et inoubliable, un humble regard sur le monde et la beauté des choses.

Le poète et résistant Pierre Emmanuel m'a écrit, lui aussi, un mot daté du 2 avril 1966, posté à Eygalières. Je suis incapable de le relire sans émotion :

Votre lettre m'a touché. Mais je ne suis pas un maître – surtout pas un Maître de vie. Tout au plus, à ses meilleurs moments, un artiste qui dit bien ce qu'il pratique souvent très mal. L'inverse est préférable, mais il y faut un renoncement que je n'ai pas.

L'homme de lettres, le penseur, c'est celui qui ne renonce jamais. C'est celui – ou celle – qui va au bout de ses idées, de son art.

1. Éditions de la Tortue, 1933 ; Poésie/Gallimard, 1967.

Régine Deforges

Quelle aurait été la vie de Régine Deforges sans ce journal intime qui lui fut arraché à l'âge de quinze ans ? On exigea d'elle qu'elle brûle le cahier qui était son confident. Ce trésor. L'objet qui lui tenait le plus à cœur. L'autodafé eut lieu. La jeune fille résolut de se venger. Et, de sa vengeance, fit une réussite. C'est ainsi qu'elle est devenue la figure que nous connaissons : Régine la scandaleuse.

Cet épisode au cœur de l'adolescence est en soi une belle histoire. Le cahier contenait les tout premiers écrits de Régine, des textes où étaient relatées ses premières amours, les émois sensuels partagés avec une amie de son âge. Or le cahier fut dérobé. Il circula sous le manteau dans une petite ville clochemerlesque du Poitou : Montmorillon. On le lisait au bistrot du coin. On en parlait. On s'en gaussait avec des ricanements hypocrites. La gendarmerie dut s'en mêler : pour que cesse le scandale, le cahier devait être récupéré. L'adolescente fut insultée, agressée. Elle devint une traînée. Elle fut exclue de son collège religieux. Bien plus tard, Régine publiera, sous le titre *L'Enfant du 15 août*[1] une biographie qui fera revivre la tragique aventure de celle qui avait « le diable dans la culotte ».

Mais ce fameux 15 août 1935 marque aussi l'acte de naissance de Régine Deforges. Car l'excommuniée

1. Robert Laffont, 2013 ; Le Livre de Poche, 2016.

saura renaître à la vie et faire de son humiliation un triomphe.

Toute sa vie, Régine a voulu passer outre. Elle participe à la création du Salon du Livre de Montmorillon. Elle est à l'origine de la Cité du Livre et des Métiers de l'écrit. Elle siégera même un temps, pour faire plaisir à son père, en tant que conseillère municipale de cette ville qui l'avait accablée de honte. Elle m'a dit avec émotion : « À Montmorillon, je sens qu'ils ne m'aiment pas. »

Bien sûr, tous ne l'aiment pas ! Comment pourraient-ils l'aimer ? Elle est la preuve vivante qu'il est possible de se libérer des carcans moraux. Comment pourraient-ils aimer une femme affranchie des mondes étriqués ? Eux qui sont prêts, aujourd'hui encore, à étrangler la liberté au berceau... Mais il en est bien d'autres prêts à reprendre le flambeau.

Quand s'est produit le drame, Régine était déjà une femme de lettres. À douze ans, elle avait lu *J'irai cracher sur vos tombes* de Boris Vian. De Colette, elle connaissait *Chéri*, *Le Blé en herbe* et *Gigi*. Qu'attendait-on de sa part ? Qu'elle se renie ? Qu'elle rentre dans le rang ? Qu'elle devienne, peut-être, une grenouille de bénitier ? En fait, ces lectures précoces influenceront non seulement ses écrits, mais sa vie tout entière. Certes, elle ne sera pas la nouvelle Colette, mais elle poursuivra son œuvre frondeuse.

Régine Deforges n'a pas vingt ans quand un industriel, Pierre Spengler, la demande en mariage. Elle joue sa réponse au 421 ! Et la réponse est oui. Elle accepte d'être l'épouse. Un premier enfant, Franck, naîtra bientôt de cette union. Mais le mariage fera long feu. Régine devient mannequin, puis actrice, puis libraire.

Une rencontre décisive se produit alors, celle de l'éditeur Jean-Jacques Pauvert, qui sera le père de sa fille et jouera pour elle le rôle de pygmalion : Régine est la première femme à avoir exercé le métier d'éditrice. Elle se lance dans la carrière en publiant des textes érotiques : *Les Onze mille verges* de Guillaume Apollinaire, puis *Le Con d'Irène*, d'Aragon. Comme si le même motif devait sans cesse se répéter dans sa vie, elle ne cesse d'être condamnée pour sa « mauvaise conduite », pour ses « provocations ». Juridiquement parlant, elle aura à répondre d'« outrage aux bonnes mœurs ». Ces procès, qui lui coûteront cher financièrement, n'entameront jamais sa résolution et sa soif d'indépendance, de liberté.

Cependant, elle mettra du temps à trouver la force de se remettre à l'écriture. La tragédie de son adolescence continue de la hanter. Il lui faudra un exorcisme pour s'en délivrer. Cet exorcisme prendra la forme d'un récit : *Le Cahier volé*[1]. Cette « petite chronique des années 1950 », comme elle fut qualifiée à l'époque, est entièrement inspirée du drame qui a marqué l'adolescence de Régine. Elle publiera ensuite *La Révolte des nonnes*[2] – *L'Enfant des loups* à la télévision –, qui raconte l'histoire d'une « enfant sauvage » retrouvée et confiée à un monastère. Mais le grand titre de gloire de Régine, le sommet de sa vengeance, sera *La Bicyclette bleue*, une saga courant sur dix tomes, vendue à dix millions d'exemplaires.

Ce succès littéraire et populaire lui a-t-il permis de trouver la paix ? On peut en douter. Quand je l'ai reçue, deux ans avant sa disparition, elle était toujours marquée par la tragédie qui avait carbonisé sa vie à la sortie de l'enfance. Cependant elle conservait la

1. Fayard, 1978 ; Le Livre de Poche, 1984.
2. Fayard, 1981 ; Le Livre de Poche, 1993.

même énergie, la même volonté de se battre pour imposer son destin contre vents et marées. Elle était très attachée au combat mené par les femmes pour que chacune ait le droit d'être elle-même. Elle a mené cette lutte jusqu'à son dernier souffle, sans jamais se départir de son formidable culot.

Dominique Fernandez

Lui aussi a la liberté chevillée au corps. C'est qu'il a appris très tôt qu'il était *en marge*. Il a grandi dans une famille éclatée. Ramon, son père, était un écrivain collaborationniste et sa mère, une femme puritaine. Il se sentait étranger à leur vie. Mais il y avait autre chose encore : dès l'enfance, il s'est senti attiré par les garçons plus que par les filles. La conscience aiguë d'une différence : tel est, dès le jeune âge, le marqueur de son destin.

Ramon Fernandez, dont le nom n'est que très rarement cité de nos jours, fut en son temps un brillant esprit. Ami des deux André, Gide et Malraux, lauréat du prix Femina, spécialiste de Molière, de Balzac et de Proust, il a compté parmi les plus grands critiques littéraires d'avant-guerre. Après avoir été dans les années 1930 une figure de la gauche intellectuelle, il finira par s'orienter vers la Collaboration, par pacifisme ou par anticommunisme. Comme Robert Brasillach, comme Jean Luchaire, il sera prompt à se rendre dans une Allemagne asservie par la botte nazie. À Weimar, il se fend même d'un éloge à Goebbels ! On ne lui connaît cependant aucun acte répréhensible. Il saura même conserver des amitiés hors le champ de la Collaboration, aider des amis juifs et prononcer l'éloge funèbre du philosophe Henri Bergson. Sa mort soudaine en 1944 lui a épargné les tribunaux de l'épuration, mais l'Histoire s'est chargée de le punir en le jetant dans l'oubli.

Dominique Fernandez, qui avait quinze ans à la Libération, a consacré à ce père un livre au titre familier : *Ramon*[1]. On lit sous sa plume une puissante volonté de comprendre. Mais quant à réhabiliter l'auteur de ses jours, il ne saurait en être question. Le basculement vers le fascisme d'un homme de cette qualité demeure à ses yeux un mystère – poignante énigme avec laquelle il faut vivre, qui associe dans une même personnalité la figure du talent et celle de la trahison. Non sans humour, Dominique me dira lors de notre rencontre : « J'avais réussi à écrire huit cents pages sur lui, mais je n'avais toujours pas compris qui il était. »

Au fond, la vraie question n'est pas de savoir, comme on l'entend souvent dire, « ce que nous aurions fait dans les mêmes circonstances », mais plutôt ce que nous sommes face à de tels événements. Beaucoup de Français ont ce fardeau à porter, et Dominique Fernandez est de ceux-là. « Quand j'étais jeune, me dit-il, ce nom était attaché à la honte. Et c'est toujours le cas. » Honte d'être le fils d'un collaborateur, honte de se sentir différent des autres – et honte de l'être, *différent*, pour de bon.

Feuilletant les ouvrages de mythologie, le jeune Dominique, que fascine la beauté, admire les Apollon et les Ganymède. Quand sa mère pénètre dans sa chambre, il s'empresse de refermer le livre d'art et de le cacher sous son lit : il a la sourde intuition d'un interdit. À dix, onze ans, il ignore tout de la sexualité. « Je n'étais pas *consciemment* homosexuel, me dit-il.

1. Grasset, 2008 ; Le Livre de Poche, 2010.

Pourtant, c'est du fait de cette inclination que je me sentais différent. »

Sa mère enseignait le français. Il décrit une femme sévère et dure, qui lui laissait peu d'espace pour exprimer ses sentiments, ses désirs, ses aspirations. « C'était verrouillé. Moi-même, je m'empêchais de vivre ! Tant j'avais compris que ce que je ressentais n'était pas la norme. » La norme, l'étouffante normalité…

Pourtant, dans le secret de ses pensées les plus profondes, il *sait* qu'un jour il s'en affranchira.

Son existence prend un tournant décisif lors d'un voyage en Italie, pays qu'il visite alors qu'il vient d'être reçu à l'École normale supérieure et se destine à l'agrégation de lettres classiques. Le pays, dévasté par la guerre et encore très rural, est pour lui le théâtre d'un choc esthétique. Ce ne sont pas seulement les beautés innombrables offertes par l'architecture et les musées qui le fascinent ; il est touché aussi par l'atmosphère des villes et des campagnes, par l'art de vivre des habitants, par leur façon d'être, par leur langue si musicale, par leur douceur et leur gentillesse. « J'avais l'impression d'ouvrir les yeux pour la première fois », dit-il.

Il connaît alors une renaissance. « Et même une naissance », précise-t-il. Son sentiment de liberté est tel qu'il décide de changer l'orientation de ses études. Pour lui, ce sera l'agrégation d'italien – une langue qu'il pratique à peine… Deux ans plus tard, son diplôme en poche, il enseigne à l'Institut français de Naples.

Naples, refuge de tant d'artistes et d'écrivains – Montesquieu, Stendhal, Lamartine, Alexandre Dumas, Cocteau, Tahar Ben Jelloun et combien d'autres. À Naples, les règles s'estompent. Un esprit libertaire et fantasque s'impose à la conscience.

Naples où l'on va se perdre pour mieux se trouver, où règne une beauté délicate empreinte de quelque sauvagerie…

J'ai moi-même, comme Jean-Noël Schifano, été fasciné par les contrastes de cette ville étrange, superstitieuse, sensuelle et intelligente. J'ai cru y ressentir cette « liberté libre » dont parle Rimbaud. Échangeant sur cette ville avec Dominique Fernandez, je ne pouvais m'empêcher de songer à Cocteau qui l'avait découverte en 1917, lors d'un voyage en compagnie de Picasso, Diaghilev et du chorégraphe Massine. Lui aussi provenait d'un milieu conservateur et étriqué. Pour lui aussi, Naples fut un choc éblouissant. Les sensations nées de cette découverte devaient d'ailleurs le poursuivre jusqu'à sa mort et influencer son œuvre.

Le génie de Naples est présent dans le superbe *Porporino*[1], qui a valu à Dominique Fernandez un prix Médicis. Son œuvre ne cesse de célébrer l'Italie, que ce soit *Dans la main de l'ange*[2], roman inspiré par la vie de Pasolini et couronné par un prix Goncourt, ou dans *La Course à l'abîme*[3], autre roman où c'est la vie du Caravage, cette fois, qui nous est contée.

« Caravage, selon moi, est le plus grand peintre de l'Histoire », me dit Dominique Fernandez. Et l'on ne saurait s'étonner : Caravage, le maître du clair-obscur et de la passion, le peintre de l'homme saisi dans sa complexité – une complexité souvent douloureuse. José Frèches et moi lui avons consacré un documentaire à Malte. Et j'aime courir les églises et les musées où il est exposé.

1. Tallandier, 1975 ; Grasset, « Les Cahiers rouges », 2005.
2. Grasset, 1982.
3. Grasset, 2003 ; J'ai Lu, 2005.

Yves Coppens

Yves Coppens a fait partie de l'équipe qui, en 1974, découvrit Lucy. Dans l'imaginaire du public, ce nom est bien plus que le fossile d'un australopithèque, puisqu'elle le doit à un titre des Beatles que les chercheurs écoutaient dans la basse vallée éthiopienne de l'Awash : « Lucy in the Sky With Diamonds » – autrement dit, « LSD ».

Si de nombreux enfants regardent vers le ciel, le petit Yves, lui, scrutait les sols. Né à Vannes d'un père physicien et d'une mère musicienne, il a grandi parmi les pierres. Le site mondialement connu de Carnac l'attirait comme un aimant. Il est vrai que les mégalithes n'étaient pas encore protégés par des grillages : l'accès de la zone était libre et les archéologues en herbe en avaient fait un terrain de jeu où développer leur passion. Yves allait y ramasser des pierres. Il en trouvait aussi aux abords de la maison familiale car la Bretagne est riche et prodigue en ce domaine.

Il est amusant de penser que les jouets du petit Coppens furent des fragments de poterie et des pointes de flèches en silex. Ses camarades de classe l'avaient même affublé d'un surnom : « Coco le Fossile. » L'Histoire – et même la Préhistoire – vibrait déjà en lui quand il parcourait la lande. Bien sûr, comme il me l'a fait observer avec légèreté, rien n'était encore intellectualisé. Tout se résumait à un désir profond :

pénétrer les sols, pénétrer le temps. « C'est toujours sous les pieds que ça se passe », me dit-il aussi.

Un peu plus grand, il participera bien sûr à des fouilles dûment organisées. Mais il fréquente de très bonne heure le petit musée de Carnac, qui n'existe plus aujourd'hui. Une façon de prolonger ses « recherches » et de découvrir une activité scientifique qui, dans la région, remonte au milieu du XIXe siècle, à l'initiative d'un certain James Miln de Woodhill, gentilhomme écossais passionné d'« antiquités », comme on disait alors, et qui avait lui-même procédé à d'innombrables fouilles.

Yves n'a que dix ans quand il réussit à rejoindre la Société polymathique du Morbihan. Il est certes trop jeune pour en devenir membre, mais on lui accorde bien volontiers la permission de venir y faire, comme il dit, « du lèche-vitrines ».

À vingt ans, il a déjà pris l'habitude de consacrer ses vacances à la paléontologie. Il est fouilleur bénévole sur la presqu'île de Carn, au nord-ouest du Finistère. *Carn* veut dire quelque chose comme « tumulus », voire « tas de cailloux ». Un précieux tas de cailloux, dirons-nous, car le futur chercheur et professeur émérite au Collège de France y fait sa première découverte : une sépulture vieille de sept mille ans… Cette « invention », pour parler comme les scientifiques, sera suivie de beaucoup d'autres.

Yves Coppens a maintenant quatre-vingt-cinq ans. Quand on le rencontre, on est saisi par l'éclat de son regard. J'ai pu le constater au salon des Marches que nous parrainions l'année dernière. La vie a passé : les fouilles en Afrique et ailleurs, les découvertes, les conférences, les livres, les honneurs et les récompenses, mais l'âme de l'enfant est toujours là, et bien là. L'expérience et l'érudition n'ont fait que nourrir et augmenter l'enthousiasme : l'horizon du savoir est une source intarissable.

Du reste, Yves Coppens a une autre obsession : le voyage. Voyage et recherche scientifique sont chez lui les deux faces d'une même pièce. Et le but de cette quête est d'en apprendre chaque jour un peu plus sur l'homme. Cet homme qu'il continue de regarder d'un œil confiant. Car il sait que la compassion et l'altruisme existaient déjà il y a des milliers, voire des millions d'années. Déjà, on savait venir en aide à celui qui était diminué ou souffrant. Cela n'a fait que se développer depuis.

Philippe Sollers

Volupté, volupté, qui fus jadis maîtresse
Du plus bel esprit de la Grèce,
Ne me dédaigne pas, viens-t'en loger chez moi,
Tu n'y seras pas sans emploi.

Ces vers de La Fontaine, extraits de l'*Éloge de la volupté,* me viennent à l'esprit quand je pense à Philippe Sollers. Cet écrivain a fait de la quête du plaisir la raison d'être de sa vie sensible, intellectuelle et artistique. À l'entendre, j'ai le sentiment que cette quête a commencé très tôt et dans un univers qui s'y prêtait : Talence, une commune d'Aquitaine, proche de Bordeaux.

Né Joyaux, le jeune Philippe est issu d'une petite bourgeoisie provinciale fort décriée, mais à laquelle la France doit une bonne part de son art de vivre et de sa culture. Le père possède une usine de métallurgie. La maison abrite de nombreuses représentantes de la gent féminine – une mère, des sœurs, des tantes. Et l'enfant, s'il est très entouré, est aussi un petit bonhomme dissipé et querelleur. Déjà…

« Mon nom de famille avait un peu trop d'éclat, me fait-il remarquer avec un sourire rêveur. Ça m'a valu des quolibets. » D'où sa décision d'en changer. Dès la parution de son premier roman, il optera pour celui que nous lui connaissons et qui a fait de lui un auteur célèbre : Sollers – contraction significative des mots latins *sollus* et *ars :* « qui n'est fait que d'art ». Philippe avait vingt ans et le livre portait un titre poétique et attachant : *Une curieuse solitude*[1].

Son année de naissance est 1936. Pendant la guerre, le domaine familial est réquisitionné. Ce qui n'empêche pas la famille de cacher des aviateurs anglais dans la cave à vin. Le petit Philippe est trop jeune encore pour avoir conscience du danger, mais par pour observer. Les mots échappés du poste de TSF, les allées et venues des hommes en uniforme, les visages des parents, les grosses étoiles jaunes que certains citoyens doivent désormais porter cousues sur leur habit lui apprennent que l'époque est exceptionnelle. Il était né pour grandir dans la douceur de vivre : on est loin de cette félicité. C'est ce qui explique, sans doute, que commence à retentir en lui l'écho d'une *dissonance* qui ressemble fort à l'appel de la liberté.

À la fin de la guerre, le jeune Philippe souffre régulièrement de crises d'asthme et d'otites qui l'obligent à garder la chambre. Baudelaire, Rimbaud et Lautréamont veillent sur sa table de nuit. Ces lectures lui ouvrent un monde nouveau. La mélodie n'est plus dissonante, mais noire, blanche, rouge, verte, bleue. Les mots deviennent des notes de musique que le jeune garçon éprouve physiquement.

Lors de notre conversation, je m'aperçois que Sollers a conservé intacte sa capacité à s'émerveiller. Il est toujours l'enfant de dix ans cloué au lit, découvrant grâce à la lecture des horizons fabuleux. La poésie s'adresse à l'esprit et au corps. Les mots se transforment en musique. Et, par la musique, deviennent images.

1. Seuil, 1958 ; coll. « Points », 2001.

L'enfant a face à lui, accroché au mur de sa chambre, *L'Assemblée dans un parc* de Watteau. D'autres reproductions accompagneront ses rêveries – œuvres de Poussin, d'Ingres, de Fragonard.

Il adopte le point de vue des maîtres dont il apprend les écrits par cœur pour que le corps les assimile : la poésie sera totale ou ne sera pas. « Ce qui impliquait de vivre, me dit-il, de façon latérale, marginale. »

C'est aussi l'apprentissage d'un langage nouveau. J'apprends en l'écoutant qu'aujourd'hui encore, dans le bus qu'il prend tous les jours, il se récite des vers de Rimbaud :

Mon âme éternelle
Observe ton vœu
Malgré la nuit seule
Et le jour en feu.

Telle est sa prière du matin. Sa prière quotidienne à la beauté – la grande quête de son existence.

À quinze ans, il s'éprend d'Eugenia, l'employée de maison. Cette jeune réfugiée espagnole de trente ans est anarchiste et bisexuelle. Libre, elle incarne cette beauté qu'il poursuit déjà de tout son être. Elle lui fait découvrir le désir en même temps que la liberté. Aimer ! Jouir de la vie ! Embrasser le monde ! Dévorer l'existence…

« Déjà hédoniste, lui dis-je.

– Hédoniste, oui, répond-il. Mais sans verser dans la grossièreté. »

Cette liaison avec Eugenia lui offrira la matière du fameux roman publié à vingt ans, grâce auquel il fera une entrée des plus remarquées en littérature. Le jeune auteur est salué par Aragon. Mauriac célèbre un nouveau talent…

Mais le jeune espoir, de ces éloges, ne tire qu'embarras : il ne souhaite pas être enfermé dans le carcan littéraire institutionnel… Devenu parisien, il continuera d'aller là où son corps le porte, d'errer par les rues, jour et nuit. « Je voulais continuer de répondre, me dit-il, à l'appel de mon corps, de mes sensations, de mes sentiments. Je ne voulais pas *réussir*, mais franchir des montagnes… »

Car Philippe Sollers ne fait pas carrière : il *vit* en littérature.

Christine Angot

Vivre en littérature : l'expression pourrait convenir à Christine Angot. Cette romancière plaît et agace, inspire admiration et révolte, mais ne laisse personne indifférent. La recevoir est toujours pour moi un plaisir. Je la respecte comme je respecte son travail et surtout, dirais-je, son engagement littéraire. Le reste est affaire de goût. Je ne partage pas tous les siens.

Je crois bien avoir été le premier à l'inviter dans « Ex Libris », bien des années avant « La Traversée du miroir ». Je ne connaissais pas Christine Angot. Elle m'avait envoyé son premier roman, *Vu du ciel*[1]. Je l'avais adoré. Je m'étais dit en le refermant : « Il y a chez elle quelque chose de différent. » Puis nous nous sommes retrouvés régulièrement, au gré de ses publications. J'ai toujours suivi sa carrière. Et ce fut pour constater que mon intuition ne m'avait pas trompé : Christine Angot est une auteure qui compte.

L'Inceste[2], le livre qu'elle a fait paraître en 1999, a défrayé la chronique et suscité les réactions les plus passionnelles. Ce fut pour moi une découverte. Elle y décrivait la tragédie qui a marqué sa jeunesse et son existence à jamais. En effet, au récit d'une liaison homosexuelle, la narratrice mêlait celui d'un

1. Gallimard, coll. « L'Arpenteur », 1990 ; coll. « Folio », 2000.
2. Stock, 1999 ; J'ai Lu, 2017.

traumatisme : une relation entretenue dans l'enfance avec son père.

Christine Schwartz – du nom de sa mère – avait pourtant vécu un début d'enfance plutôt heureux. Certes, elle ne voyait pas son père, qui ne l'avait pas reconnue. Mais elle n'en éprouvait pas un manque particulier. Elle savait que cet homme était loin, sans souffrir spécialement de son absence. C'est que sa mère lui offrait une présence légère, rieuse et chaleureuse. « Ma mère, me confie-t-elle, c'était le bonheur. »

Bien sûr, elle avait conscience d'être « un cas ». Elle était fille d'une « mère célibataire » qui devait travailler pour élever son enfant. Situation peu courante, mais la petite Christine n'en était pas gênée. Elle en tirait plutôt une sorte de fierté : celle d'être *différente*. « Ça ne me déplaisait pas, dit-elle de ne pas être comme les autres. »

Mais le père va reparaître, comme un diable entrant au paradis.

En 1972, Christine a treize ans. Une nouvelle loi sur la filiation est promulguée, selon laquelle les enfants adultérins ou naturels pourront être reconnus des années après leur naissance et jouir des mêmes droits que les autres, notamment en matière de succession. La mère de Christine estime alors que l'enfant devrait être reconnue – bénéficier d'une nouvelle disposition légale, en quelque sorte. Elle songe bien sûr à protéger les intérêts de sa fille. Laquelle, à peine adolescente, n'a pas d'avis sur la question. Lors de notre entretien, elle formule la chose ainsi : « Je n'avais pas l'âge d'avoir un avis. D'autant que la question ne s'était jamais posée, puisque je vivais heureuse avec ma mère. Mais j'ai senti qu'elle voulait ça. Et j'ai compris que ce serait *bien*, tout simplement. »

C'est alors que commence, pour elle, une autre vie. L'enfant se partage entre ses deux parents. Le père, établi à Strasbourg, est un fils de la bourgeoisie devenu traducteur auprès des institutions européennes. Il parle plusieurs langues. La jeune fille est fière de lui. Elle se vante de cette paternité auprès de ses camarades. En fait, elle ne parle à ses amies que de ce qu'elle admire chez cet homme surgi du passé. « Ce qu'il me faisait subir, bien évidemment, je ne m'en ouvrais à personne. »

Elle évoque le sujet à l'aide de mots choisis avec soin et qu'elle prononce en ménageant des temps entre les phrases. L'expérience fut une blessure profonde ; et le traumatisme est toujours là, vivace.

« Pour une jeune fille de quatorze ans, dire l'indicible, ce n'est pas possible. » La pensée d'une jeune fille est encore en formation. Elle n'a pas d'autonomie. Elle ne se déploie qu'avec celle de l'adulte. Cet adulte qui est toujours là : les services sociaux, les associations, la grand-mère, la mère…

Christine Angot m'a raconté qu'un jour, alors qu'elle venait de passer une semaine chez son père, dans le train qui la ramenait de Strasbourg, elle s'est préparée à tout dire à sa mère. Durant tout le voyage, elle a répété son texte. Les phrases étaient prêtes. Elle a continué de les répéter sur le quai. Puis elle a retrouvé sa mère.

« Ton séjour s'est bien passé ? » La jeune fille hésite à répondre, en dépit de ses résolutions. Elle finit par se jeter à l'eau : « Des fois, il est difficile. » Réponse de la mère : « Oui, je sais. C'est vrai. C'est parfois quelqu'un de difficile. »

Elle n'a pas cherché à en savoir davantage. N'a pas creusé ni tenté de comprendre ce que l'enfant avait mis sous ce mot : *difficile*.

Christine Angot, quand elle m'a livré ce souvenir, était toujours sous le coup de la sidération ressentie des années plus tôt, sur ce quai de gare à Châteauroux. Elle n'a jamais compris et ne comprend toujours pas pourquoi sa mère a réagi ainsi. Savait-elle ce qui se passait à Strasbourg ? Avait-elle deviné la vérité ? Ou refusait-elle de savoir ? « Mais bon. Quelle oreille a envie d'entendre ça ? », m'a dit Christine Angot.

C'est vrai : nous ne cessons de nous répéter les uns aux autres qu'il faut « dire les choses », que nous devons assurément « protéger l'enfance ». Et pourtant, lorsque nous sommes placés devant le fait accompli, c'est bien souvent le blocage…

Comme je le fais avec tous mes invités, j'ai terminé l'entretien en demandant à Christine Angot de bien vouloir me dire le titre de roman qui, selon elle, pourrait résumer sa vie. Elle a répondu : *Le Métier de vivre*[1], de Cesare Pavese. Sachant ce qu'elle a subi, je crois que ce n'était pas un mauvais choix…

Et j'ajouterai que ce métier de vivre, pour elle, est un combat. Un combat jamais perdu d'avance, que ses livres ne cessent de mener.

---

1. Gallimard, 1958 ; coll. « Folio », 1977.

Michel Onfray

Depuis Voltaire et l'affaire Calas, en passant par Zola et l'affaire Dreyfus, l'intellectuel engagé est en France une figure de tradition. Et s'il est de nos jours un philosophe qui incarne cette tradition, c'est bien Michel Onfray. Cet iconoclaste ne se contente pas de s'en prendre aux icônes de notre patrimoine intellectuel – Freud ou Sartre, par exemple –, il a aussi une œuvre sociale en tant que fondateur de l'Université populaire de Caen. Il compte également parmi les personnalités les plus en vue du théâtre médiatique hexagonal.

Mais surtout, c'est un homme révolté.

Un révolté dont la fureur s'enracine dans l'enfance. Dans sa préface à *La Puissance d'exister*[1], il raconte sa propre « mort » à l'âge de dix ans, par « une belle après-midi d'automne, dans une lumière qui donne envie d'éternité ». Il vient d'entrer à Giel chez les prêtres salésiens, dans un pensionnat qu'il qualifie d'« orphelinat ». Du jour au lendemain, le voilà confié par ses parents à des prêtres brutaux, violents, pour certains pédophiles, adeptes de toutes sortes de vexations, résolus à former de « solides gaillards », des costauds aptes à des métiers dignes de ce nom, plutôt que des « sous-hommes [...], les fameux intellos aux virilités douteuses ».

1. Grasset, 2006 ; Le Livre de Poche, 2008.

Pourquoi a-t-il été placé dans cet établissement ? Il n'a pas la réponse, seulement des indices, des pistes de réflexions… Sa propre mère, elle-même abandonnée enfant, avait connu les familles d'accueil et les brimades. Pourquoi infliger la même chose à son propre fils ? Sa souffrance était-elle si profonde qu'elle doutait de pouvoir jouer convenablement son rôle de mère ? Quand Michel Onfray a abordé le sujet, lors de notre entretien, j'ai vu briller dans son regard l'éclat d'une incompréhension terrible qui ne l'a jamais quitté. Arracher un enfant à son milieu… « C'était ma misère, dit-il. La campagne normande. Chambois, un village de l'Orne… »

La famille – le père, la mère et leurs deux garçons – se partage dix-sept mètres carrés sur deux étages. Pas d'eau chaude. Pas de douche. La maman est femme de ménage. Le papa, ouvrier agricole, ne compte pas ses heures – alors qu'il est censé être payé pour une journée normale de huit heures. Michel Onfray a gardé une image en tête : son père rentrant le soir à la période des moissons, noir de labeur, et se lavant dans une grande bassine que sa femme emplit d'eau chaude. Écoutant ce récit, je l'associe à d'autres images : les tableaux inspirés à Millet ou à Pissarro par la rude vie des paysans – *Paysanne se chauffant, Un vanneur, Femme portant du bois de chauffage et un seau.* L'enfance de Michel Onfray semble une évocation du XIXe siècle.

« Mon père acceptait ce sort, me dit-il. Il avait cette phrase : "Il y a plus pauvre que nous !" Je répliquais : "Oui, c'est vrai, il y a les morts !" » Le jeune Michel, lui, n'acceptait pas. Il focalisait ses pensées sur l'aspect inadmissible d'un pareil destin : l'obligation de travailler le dimanche, l'absence de rébellion contre le patron, la résignation.

Avec le temps, il en est pourtant venu à admirer ce père qu'enfant, et surtout adolescent, il jugeait pusillanime et trop enclin à se plier à une vie d'esclave. Car cet homme a eu à cœur de lui transmettre des valeurs essentielles où repose une forme de vertu. « Je ne l'ai jamais entendu dire du mal de personne ! affirme-t-il avec force. À la violence, il répondait toujours par la douceur. »

On sent en l'écoutant qu'il reste fidèle à cette enfance misérable. Jamais il n'oubliera d'où il vient : ce prolétariat paysan qui se forgeait l'âme en essayant de rester digne dans la souffrance et, bien souvent, dans les malheurs. Ces gens-là pensaient que le même sort attendait leur propre progéniture. Leur descendance donnerait forcément des travailleurs manuels, sûrement pas des *intellectuels*. D'ailleurs, dans la maison des Onfray, on trouve trois livres seulement : un dictionnaire, un ouvrage d'histoire locale, un manuel de cuisine.

Les livres : paradoxalement, c'est au pensionnat de Giel que le jeune Onfray les découvrira. C'est entre les murs de l'*orphelinat* qu'il rencontrera la littérature et en éprouvera la force. Son goût pour la philosophie se forme avec les ouvrages de Jean Rostand. Le sujet a beau en être la biologie, c'est *l'homme* qui est l'objet de cette quête.

Pour le pensionnaire avide de lectures, les livres sont un moyen d'évasion. Quand les prêtres, pour le punir, l'auront battu ou obligé à passer la nuit en pyjama dans la neige, il se tournera vers Hemingway qui lui ouvrira les portes du grand large. Faire le mur de la pension est chose impossible ; mais pas fuir avec les mots. En attendant le jour où il quittera Giel pour n'y plus jamais revenir. « Quand vous avez vécu ce genre d'expérience pendant quatre ans, me dit-il, vous n'avez plus peur de grand-chose, ni de personne. »

Au marché d'Argentan, l'adolescent s'achète des livres. Trois auteurs excitent particulièrement son intérêt : Nietzsche, Marx, Freud. Le premier rêve de raser le Vatican, le deuxième entend renverser le capitalisme et le troisième le rassure sur la masturbation. Onfray trouve dans leurs écrits les réponses aux questions qu'il se pose sur le monde, mais aussi la possibilité de tout dépasser : les curés, l'onanisme convulsif, l'exploitation infligée à son père.

Dès lors, aux yeux du jeune Onfray, la philosophie a de l'avenir. Ayant formé le projet de se consacrer à cette discipline, il s'en ouvre à ses parents. Mais la philosophie, ils ne savent pas ce que c'est ! La maman de Michel interroge une femme chez qui elle fait le ménage. Elle lui répond : « La philosophie ? C'est là qu'on trouve les fous ! »

De toute façon, les parents de Michel ne peuvent envisager de financer ce genre d'études. Michel s'obstine : ce sera « les fous » quand même. À dix-sept ans, il quitte le foyer familial, devient boursier de l'État et intègre l'université à Caen.

Quarante ans plus tard, notre philosophe s'est réconcilié avec ses parents. Il a écrit des pages magnifiques sur la mort de son père. Il ne pourrait vivre ailleurs que dans l'Orne – la terre qui l'a vu naître, souffrir et s'émanciper. Devenu un antilibéral militant, il déploie autant d'ardeur à défendre ses idées qu'à les mettre en cohérence avec sa propre vie. Car la philosophie est selon lui un être-au-monde, une attitude fondée sur un mot essentiel : *fidélité*.

Christian Cabrol

Ce « fils de fermiers » né en 1925 à Chézy-sur-Marne, village de l'Aisne, est toujours resté attaché à sa terre. Il ne manquait jamais une occasion d'y séjourner. Il aimait la campagne et la vie paysanne. Comme il me l'a confié : « C'est quelque chose que je dois à mes parents, à mes grands-parents et même à mes arrière-grands-parents – oui, oui, je les ai connus… »

On dirait même qu'ils ont tous uni leurs efforts pour lui concocter une enfance heureuse ! Il se rappelait avoir grandi dans un « milieu équilibré » où cohabitaient différentes générations. Et puis, il y avait la nature, cet immense terrain de jeu qu'il occupait avec ses camarades de la communale, cette nature qui était aussi « la terre » : un espace où l'on peine pour gagner son pain.

Ayant connu très jeune la dureté de la vie rurale, Christian Cabrol décida un jour que tel ne serait pas son avenir. À son père qui lui demandait de se charger d'un sac trop lourd, il eut le front de répondre : « Je ne peux pas. Je ne suis pas comme toi ! » La réponse fut cinglante : « Normal : tu es un fainéant ! »

L'ex-fainéant se souvient de cet épisode avec humour. Il ne s'est jamais caché, dit-il, de vouloir mener une vie agréable. Comme celle de son grand-père, par exemple, qui exerçait le métier de médecin de campagne. « Le dimanche, je le voyais se lever à dix heures. Évidemment, je ne savais pas qu'il avait fait des accouchements toute la nuit… » Le jeune garçon, voyant ce même grand-père partir « effectuer ses visites », s'imaginait que c'étaient des promenades.

Ainsi naît une vocation : Christian Cabrol deviendra chirurgien – un homme de l'art doublé d'un homme politique. « Oh ! dit-il, je n'avais pas l'intention de sauver l'humanité. Je voulais avoir une existence tranquille. »

Pourtant, la vie paysanne a laissé en lui son empreinte. Une expérience essentielle dont il a su tirer de précieux enseignements. Car s'il refusait de porter les lourdes charges, il savait mener les chevaux de labour et tenir le « brabant », comme s'appelait alors la charrue. Plus tard, il conduirait les moissonneuses. La ferme l'a initié à bien des travaux. Elle lui a transmis aussi des valeurs telles que l'entraide et la fraternité – elles ne devaient plus le quitter.

Son certificat d'études en poche, l'adolescent comprend que vouloir devenir médecin signifie tâter de la pension. En l'occurrence, ce sera chez les frères maristes de Lagny-sur-Marne, à cinquante kilomètres du cocon familial et des douceurs villageoises. Ce déchirement le laissera meurtri plusieurs semaines. Certes, l'établissement était dirigé par un homme bienveillant, mais l'enfant demeurait inconsolable. Sa mère s'efforçait de le convaincre : « Tu n'as pas le choix. Si tu veux devenir médecin, il faut prendre sur toi. » C'est ce qu'il a fait, sans doute, ayant probablement compris, dans le cours même de cette épreuve, qu'il n'était plus tout à fait un enfant.

Il a quatorze ans à la déclaration de guerre. La France se jette sur les routes de l'Exode. La famille Cabrol quitte la ferme avec chevaux, matelas et chariots. Direction le sud, alors que les bombardements font rage. Ils trouvent refuge dans une ferme abandonnée et s'y établissent plusieurs mois.

À leur retour à Chézy, la ferme a été pillée et en partie détruite. Il faut réparer, rebâtir. Christian Cabrol demeure marqué par ce traumatisme. Il a redouté de ne pouvoir réintégrer le collège. Mais la guerre est la guerre : il n'est pas le seul à avoir pris du retard et nombre de ses camarades sont dans la même situation.

Bon an mal an, la vie reprend son cours. Il passe avec succès la première partie du bachot, comme on disait alors. Il se présentera à la seconde partie au lycée Stanislas, dans un Paris toujours occupé. Il m'a dit se souvenir à jamais de ces hommes et de ces femmes obligés de porter l'étoile jaune : « À la campagne, on n'avait pas vu ce genre de choses. On ne pouvait même pas les imaginer. » Avait-il seulement conscience de ce qu'elles signifiaient ? Du sort que les Allemands réservaient à ces gens ? Lui qui avait grandi dans un village, avait connu l'école catholique, que savait-il du monde ?

L'adolescent, ayant obtenu le fameux baccalauréat, se met en tête de devenir médecin de campagne, comme son grand-père. Mais celui-ci l'en dissuade : « Il faut que tu fasses chirurgien. Et apprends bien ton anatomie ! » Le vieil homme avait l'intuition que la chirurgie était le terrain où se jouerait l'avenir de la médecine.

Le choix de Christian Cabrol est fait. Mais alors qu'il entreprend ses études, l'occupant décide qu'un certain nombre d'étudiants qu'il a recensés partiront pour l'Allemagne afin de travailler dans les usines, en remplacement de jeunes Allemands envoyés au front.

Cependant les Alliés approchent. Le jeune homme, en accord avec sa famille, choisit de ne pas répondre à cet appel. Ayant regagné son village, il assiste à la retraite des troupes d'occupation. Puis ce sont les Américains qui arrivent : il se charge de leur servir de guide dans cette campagne dont il connaît le moindre recoin.

Galvanisé par l'approche de la victoire et de la libération, il pense même à s'engager pour finir la guerre en beauté. Mais le grand-père intervient à nouveau pour s'opposer à ce projet plein de bravoure : « Tu retournes à Paris et tu reprends tes études ! » Des études qui se révéleront moins agréables que prévu : la médecine, tout comme la ferme, impose à l'homme sa rude discipline…

Devenu professeur, Christian Cabrol tiendra à afficher dans son bureau la devise du général Leclerc : « Croire, vouloir, continuer. » Cette maxime qu'il veut désormais la sienne. Et qui le définit à merveille. Parce qu'elle est une synthèse de ce qui fait bouger les hommes, quels que soient leur métier, leurs passions, leurs engagements.

La vie du professeur Cabrol s'est confondue avec les progrès récents de la médecine et de la chirurgie. Je l'entends encore me demander un jour : « Savez-vous quel fut le début de tout ça ? » Voyant que j'ignorais la réponse, il s'est exclamé : « Le début, c'est la dissection d'une grenouille ! »

Au temps où il était écolier, le maître avait demandé aux élèves d'apporter en classe une grenouille. Puis il avait procédé à l'expérience consistant à anesthésier l'animal avec une goutte d'éther. Enfin, il avait commencé la dissection. Le cœur de la grenouille, déposé dans une soucoupe, continuait de battre !

Les élèves étaient stupéfaits. Et le maître d'expliquer l'étonnant phénomène : « Le cœur est un muscle. Le seul, dans tout l'organisme, à pouvoir vivre sans cerveau. »

Telle fut la première pierre d'une œuvre qui amènerait Christian Cabrol, bien des années plus tard, à pratiquer la première greffe du cœur française, puis à implanter pour la première fois un cœur artificiel dans un corps humain.

HISTOIRES DE FAMILLE

Nos ancêtres sont nos enfants, par un trou dans le mur nous les regardons jouer dans leur chambre, et ils ne peuvent pas nous voir.

Amin Maalouf

Le mystère de l'incarnation se répète en chaque femme ; tout enfant qui naît est un dieu qui se fait homme.

Simone de Beauvoir

On devrait se marier entre compagnons d'enfance.

Alexandra David-Néel

Jusqu'à la fin, nous serons filles et fils de. En ce qui me concerne, pas un jour ne passe sans que je repense à mes parents, à ce qu'ils m'ont donné. Ce que je suis devenu, je le leur dois. C'est mon plus bel héritage. Mais il est aussi quelqu'un à qui je dois beaucoup : mon grand-père Jean-Baptiste.

Cet homme disparu en 1970 avait publié en 1957, sous le nom de Jean d'Arvor, une plaquette de trente poèmes : *Poèmes de Gloire et de Foi.* Le livre était paru à Rodez, aux éditions Subervie. Je me rappelle encore le jour où il me l'a remis. Il y avait inscrit une dédicace : « Ceux-là conviennent à son âge et à sa jeune âme… Qu'il les conserve et les transmette à son tour aux siens comme un legs d'esprit dans sa race. »

Bien sûr, je n'ai pas manqué de transmettre ces poèmes à mes enfants, mais j'ai eu à cœur aussi de les faire connaître à un plus vaste public. Après en avoir retenu deux pour *Et puis voici des fleurs…*, une anthologie que me demandait un éditeur[1], j'ai orchestré une réédition de tous ses poèmes chez Mélis, en 2011, sous le titre *L'Appel ardent de Jean d'Arvor*. Je me devais de rendre cet hommage à celui qui me donna, le premier, le goût de la poésie.

Car je n'avais pas atteint ma dixième année que je rédigeais des vers en cachette. Je les destinais à ma mère – c'étaient par exemple des poèmes pour la fête des Mères. Comme je doutais de mon talent, je les soumettais au jugement de mon grand-père

1. Le Cherche Midi, 2009.

Jean-Baptiste. Non sans crainte! Mais il m'indiquait toujours le chemin à suivre. Il ne me conseillait jamais sur le fond, préférant le laisser à ma libre imagination. En revanche, il se montrait intransigeant quand il tombait sur un alexandrin boiteux. J'en pleurais de honte. De tristesse aussi. Mais il m'arrivait de recevoir des compliments de sa part. Ce fut le cas en 1959, quand je lui présentai une interminable série de vers, un tombeau pour les quatre cent vingt-trois victimes de Malpasset – un barrage qui avait cédé cette année-là près de Fréjus. L'enfant que j'étais avait une pensée pour ces malheureux et c'est ce qui avait touché mon grand-père.

Je ne me suis pas arrêté en si bon chemin : j'ai toujours écrit de la poésie. Mais je n'ai jamais publié mes poèmes. Je n'y ai même jamais songé. Cependant, et pour peu qu'il soit attentif, le lecteur qui feuillettera l'anthologie *Et puis voici des fleurs*... remarquera la présence d'un auteur inconnu placé entre Apollinaire et Verlaine : Alexis d'Orgel. De cet artiste, il n'est rien dit. Seule sa date de naissance est mentionnée : 1947. Un de ses poèmes s'intitule « Sens interdit » :

Je quitterai la piste, je le ferai sans bruit.

Alexis d'Orgel n'est autre que le jeune Patrick... « Sens interdit » est un poème de ma plume. Je l'ai écrit en 1962, à l'âge de quinze ans. Le pseudonyme derrière lequel je me cachais, je l'avais emprunté à Raymond Radiguet, le prince de ma jeunesse et de mes nuits, l'auteur du *Bal du comte d'Orgel*.

De là-haut, où il veille sur moi, j'imagine que Jean-Baptiste a souri quand ces pages ont paru ; je sais qu'il était fier de moi.

Yann Queffélec

Yann Queffélec, mon ami. Mon compagnon de *finis terræ*. Mon camarade écrivain de marine.

Lui-même se définit comme un « animal marin ». Bien qu'il soit né à Paris et qu'il ait grandi en bordure du parc Montsouris, il a la Bretagne chevillée au cœur. C'est son pays. Il ne cesse de revenir et de renaître dans ce paysage que la marée métamorphose et qui toujours reste le même.

Sa famille possédait une propriété à l'Aber-Ildut, dans le Finistère nord. Enfant, les vacances venues, il y retrouvait bien sûr cousins et cousines, sans oublier les copains, mais c'est la mer, surtout, qui l'attendait. Quelques mètres à peine séparent la maison du rivage. Tel fut le vrai terrain de jeu du petit Yann. Au son du ressac, il pêchait la crevette et le crabe, les pieds dans la vase. Puis il rejoignait une épave à la nage. Il en escaladait une autre. Et là-haut, il rêvait, face à l'horizon.

Tandis qu'il évoque ses souvenirs, je sais qu'un sang bleu, iodé, irrigue son cœur et son propos. Soudain, il cite Baudelaire :

La mer est ton miroir ; tu contemples ton âme.

Son âme à lui fut taillée pour l'aventure et la poursuite des horizons lointains. Il le sait. Ou plutôt : il veut qu'il en aille ainsi.

Pirate de huit ans, il fugua sur une godille. Son cap était l'île d'Ouessant. Il fut rattrapé par les garde-côtes avant d'atteindre l'océan. À treize ans, ayant volé le bateau de son oncle, il partit naviguer dans les îles. Il y fit route trois jours durant, avant de se fracasser sur les récifs.

La fin des terres ne lui suffisait pas. C'est le bout du monde qu'il voulait embrasser – s'il existe un bout du monde. Adolescent, il rêvait de faire le tour de la terre.

Yann a toujours été un casse-cou, un turbulent. Mais ce qu'il voulait surtout, c'était qu'on lui prête attention. Que son père s'intéresse à lui. Son père : Henri Queffélec, écrivain, grand prix du roman de l'Académie française pour *Un royaume sous la mer*, en 1958. Henri était célèbre, chacun le saluait et l'honorait. Mais il avait un « défaut » : il négligeait Yann, son plus jeune fils. « Il m'a prévenu tout de suite : je m'étais trompé de famille, raconte Yann. Mon existence l'a surpris. »

Anne, sa sœur, n'était pas en concurrence avec lui, puisque c'était une fille. Elle deviendra une pianiste de renommée internationale. Hervé, le premier-né, deviendra un grand mathématicien.

Au petit Yann, on conseillait de se faire discret. De ne pas perturber la vie et le travail de son père. Il fut victime de ces phrases fatidiques qui s'entendent quelquefois dans la maison des romanciers : « Ne fais pas de bruit, ton père écrit », puis : « Ne fais pas de bruit, ton père se repose. » La vérité, c'est qu'Henri eût préféré n'avoir qu'un seul fils et qu'il ne s'est pas privé de le faire savoir au cadet…

Un cadet pourtant en admiration devant son père. À Paris, quand celui-ci est sorti, le petit Yann se glisse dans la bibliothèque magnifique et s'abandonne à ses rêveries. Et quand il est à la maison, l'enfant n'a d'yeux que pour lui. Mais son père lui montre un visage austère. Il lui refuse la douceur de ce regard bleu que Yann cherche désespérément à rencontrer. A-t-il l'ambition de ressembler à ce père trop lointain ? Déjà, il écrit ! Des poèmes. De petites histoires…

Henri Queffélec a senti que le petit Yann désire marcher sur ses traces. Mais il semble qu'il n'y ait pas de place, dans cette famille, pour deux écrivains. Quand l'enfant, intimidé, veut lui fait lire ses œuvres maladroites, le père les déchire : « Tu te prends pour qui ? » Yann est traité de plagiaire, de copieur…

Un quart de siècle plus tard, Yann Queffélec obtiendra le prix Goncourt pour *Les Noces barbares*[1]. Son père mettra deux ans à ouvrir ce roman. Sa réaction sera pour le moins expéditive et laconique : « Je l'ai lu. C'est très bien. » Il est vrai que le prix Goncourt était le rêve d'Henri Queffélec – un rêve qui ne devait jamais s'accomplir.

Ces *Noces barbares* sont l'aboutissement d'un long processus amorcé dans l'enfance, poursuivi à l'adolescence. Yann a toujours voulu être un écrivain navigateur, comme Bernard Moitessier ou Henry de Monfreid. Ce rêve se brisera à la veille de sa vingtième année, quand il perdra sa mère. C'est aussi pour elle qu'il écrivait. « J'espérais voir briller dans ses yeux cet émerveillement qu'elle avait en lisant les pages de mon père », raconte Yann.

Sa mère étant partie, rien ne le retient plus. Il exerce d'innombrables « petits boulots ». Traverse l'Atlantique. Devient tour à tour skipper et moniteur de voile. C'est alors que sa route croise celle de Pierre Ajame, qui travaille au *Nouvel Observateur*. « C'est lui qui m'a vraiment mis le pied à l'étrier en littérature. »

1. Gallimard, 1985 ; coll. « Folio », 1987.

Autre rencontre : Françoise Verny, l'éditrice légendaire de la maison Gallimard. Elle parvient à convaincre le jeune homme de faire de ses nombreux brouillons un roman.

Et la relation avec le père ? « Elle ne changera jamais vraiment. À la fin, il s'est un peu rapproché de moi. Un peu… Enfin, il daignait au moins me regarder. » Peut-être acceptait-il enfin de se plier à la seule ambition qui soit digne d'un parent : faire que ses enfants deviennent meilleurs que lui.

Personnellement, j'ai toujours eu ce désir. Car tel est notre devoir : œuvrer à ce que nos enfants nous dépassent, qu'ils vivent mieux que nous car nous aurons su leur transmettre le meilleur de ce que nous sommes et de ce qui est.

Les histoires de famille ne sont qu'histoires de transmission. Lesquelles peuvent se révéler très lourdes. Aussi lourdes qu'un nom à porter.

Alexandre Jardin

Notre conversation se composa de nombreux silences. Assourdissants, dirais-je. Chargés d'émotions contradictoires. Entrecoupés de ce rire nerveux qui n'appartient qu'à lui.

De son enfance, Alexandre Jardin a retenu principalement le mensonge dans lequel il fut élevé. Un mensonge qui a même pris la forme du déni avec son père, le scénariste et auteur Pascal Jardin, dit « le Zubial ». Un homme pétri de talent, à la filmographie impressionnante, qui fuyait la vérité pour mieux la réinventer au fil de ses romans et scénarios.

Le Zubial forme avec la mère d'Alexandre un couple qualifié de « libre », parce que « non bourgeois ». En clair, elle a des amants, il a des maîtresses, ils vivent sur un mode « radicalement romanesque » – l'expression est de la bouche d'Alexandre. Le couple a trois enfants – trois garçons. Tout le monde vit sous le même toit. Il arrive que les petites amies du père fréquentent la maison. Quand cet homme n'écrit pas en un temps record des scripts pour René Clément, Pierre Granier-Deferre, Robert Enrico ou Jacques Deray, il brûle la vie par les deux bouts. Un cancer l'emportera à l'âge de quarante-six ans. Alexandre n'en a que quinze.

Le Zubial ayant laissé sa famille sans le sou, la maman doit chercher du travail. Sans renoncer au mode de vie qui était le sien. Alexandre, lui, est envoyé en Irlande. Il est supposé grandir d'un coup. Devenir un homme. Le « chef de famille », lui annonce sa mère. « Mais l'ombre du père admiré était là, me dit Alexandre. L'ombre du magicien. »

Le jeune homme lit et écrit. Il faut aller vite ! Il publie son premier roman à vingt ans : *Bille en tête*[1]. Le livre est un succès. Il reçoit le prix du Premier roman alors qu'il est encore étudiant à Sciences Po ! Trois ans plus tard, c'est le Femina qui lui est attribué pour *Le Zèbre*. Ce livre sera adapté au cinéma par Jean Poiret, avec Thierry Lhermitte et Caroline Cellier. La suite de l'histoire, le public la connaît…

J'ai reçu Alexandre Jardin dans « La Traversée du miroir » alors qu'il s'apprêtait à publier *Des gens très bien*[2]. Ce livre a fait couler beaucoup d'encre. Il y instruit le procès de son grand-père, Jean Jardin, qui fut directeur de cabinet de Pierre Laval entre avril 1942 et octobre 1943. Autrement dit : avant, pendant et après la rafle du Vel' d'Hiv. Le sujet fut longuement abordé au cours de l'émission. Il inclut le fameux déni dans lequel Pascal, fils de Jean et père d'Alexandre, a cru devoir enfermer sa famille.

La critique a pu s'insurger contre certaines des approximations de l'ouvrage. Contre certains oublis, aussi. Et surtout contre l'acharnement d'Alexandre à vouloir se présenter en petit-fils de collabo. On a fait valoir la complexité de l'époque. Qui oserait se prononcer aujourd'hui sur le rôle réel joué par Jean Jardin dans la rafle du Vel' d'Hiv ? Sur le fait que l'intéressé a aussi porté secours à des amis menacés par le régime de Vichy ? Mais cela est-il suffisant pour

1. Gallimard, 1986 ; coll. « Folio », 1988.
2. Grasset, 2011 ; Le Livre de Poche, 2012.

l'exonérer de sa servilité à un régime honni ? La vérité n'est jamais peinte d'une seule couleur. Et d'ailleurs, dans son tout dernier livre, notre homme reconnaît bien des mensonges dans ses romans prétendument autobiographiques. Il s'est inventé une vie, m'a-t-il confié à Cassis où je l'interrogeai pour le Printemps du livre. Mais il est une qualité que l'on peut reconnaître à Alexandre : il aura voulu faire en sorte, de façon maladroite peut-être, que ses propres enfants n'aient pas à souffrir ce déni qui a pesé si fort sur sa propre vie. Il aura voulu que son nom, Jardin, cesse d'être un fardeau.

Et l'on en revient toujours au même thème : comme un nom peut être lourd à porter ! Que de jalousies il peut faire naître ! Que de confusion il peut générer ! Parfois associé dans les esprits à la notion de privilège, il peut, dans certains cas, remettre en cause une légitimité… Le succès de tel artiste sera attribué à la seule généalogie. La vindicte, alors, n'est jamais loin. Pourtant, si vous êtes boulanger, médecin, agriculteur, votre réussite ne choquera personne, quand bien même elle serait le fruit d'un héritage !

Nombreux sont ceux qui veulent marcher dans les pas de leurs parents. C'est peut-être parce qu'ils leur ont tout simplement transmis le goût d'écrire, de peindre, de composer, de mettre en scène ou de jouer la comédie. Qu'ils en soient donc remerciés.

Emma de Caunes

Enfant de la télé, enfant du rock, petite-fille de Georges de Caunes et de Jacqueline Joubert, fille d'Antoine de Caunes et de Gaëlle Royer, elle sait depuis toujours qu'elle porte *un nom.*

Un nom au travers duquel se reflète l'histoire de la télévision française. Le grand-père a tout de même créé, en 1949, le premier journal télévisé, avec des personnalités telles que Pierre Sabbagh et Pierre Tchernia. Mais Georges de Caunes est aussi le premier journaliste à avoir commenté le sport au petit écran. La grand-mère d'Emma, elle, fut la première speakerine de la télévision française – l'ORTF, comme nous l'appelions à l'époque. Elle devait exercer ensuite comme directrice des programmes jeunesse sur Antenne 2 et à ce titre créatrice d'une émission qui a marqué toute une génération d'enfants, « Récré A2 ».

Quant au père d'Emma, il a créé et animé au petit écran la première émission consacrée au rock : « Chorus ». Puis sont venus « Les Enfants du rock ». Et, bien sûr, nul ne saurait oublier le trublion génial qu'il fut dans les grandes années de Canal Plus, aux côtés de mon confrère et ami hélas disparu, Philippe Gildas.

Emma de Caunes a grandi au milieu de ces saltimbanques. Son enfance fut bercée par une atmosphère familiale particulière, sans même parler des facéties d'Antoine dans l'émission phare « Nulle part ailleurs ». De ce père surdoué et iconoclaste, elle me dit avec son plus innocent sourire : « Il a grandi en même temps que moi. »

Antoine n'avait que vingt-deux ans quand elle a vu le jour. Sa carrière se confond avec l'enfance et l'adolescence de sa fille. Laquelle est bien consciente, du reste, d'avoir été un « bébé sac à dos » : elle accompagnait ses parents partout, y compris le soir. Elle a eu tôt fait de comprendre que son existence ne ressemblait guère à celle de ses petites camarades. Et s'en amuse : « J'aurais voulu par moments que mon enfance ressemble à la pub de cette boisson à la chicorée, vous savez… Toute la famille tendrement réunie autour du petit déjeuner… Bon, en fait, c'était carrément bordélique ! »

Bordélique et joyeux – même si elle a vu en grandissant ses parents se séparer. Elle entretenait avec eux des rapports « de copains ». « Avec tout le respect que je leur dois », conclut-elle.

À la maison, la parole est libre. La vie est sans tabou. Les parents transmettent leur passion du cinéma. Forcément, la petite Emma se rêve en chanteuse de rock. Son idole s'appelle Elvis. Et, déjà, elle a envie de *jouer*. Elle adore se déguiser, monter des spectacles, imiter son autre idole : la chanteuse Lio.

Elle a pour confidentes sa grand-mère et la comédienne Odette Laure. Toutes deux l'applaudissent et lui glissent des conseils pour apprendre à respirer, à poser sa voix, à camper une attitude. Une vocation se fait jour. Réelle, sincère.

« Je ne me considérais pas du tout comme la fille de », me dit-elle. Le nom qu'elle porte, ce nom célèbre, ne lui pèse pas. « C'est les autres que ça dérange ! » Certains professeurs n'apprécient pas les créations libertaires, parfois *trash*, d'Antoine de Caunes – alors que les copains de classe d'Emma, eux, s'en délectent ouvertement. Elle aura à subir les remarques et les mauvaises notes, punition de fautes qu'elle n'a pas commises et d'une situation qu'elle n'a pas choisie. Plus tard, elle verra apparaître de nouveaux amis : des gens qui s'intéressent à de Caunes plus qu'à Emma.

Je devine en l'écoutant qu'elle n'a pas joui d'une adolescence sereine. Qu'elle a même été plus d'une fois bousculée, au sortir de ses insouciantes jeunes années. Tout à coup, elle était exposée ! Alors que son seul désir était d'être une jeune fille prénommée Emma. Mais elle n'en fera pas une affaire. « D'accord, entre quatorze et dix-sept ans, je n'étais pas au mieux de ma forme. Au lycée, je m'ennuyais. J'ai fait toutes les conneries possibles. Mais c'est arrivé à d'autres ! »

Elle sait qu'elle peut s'appuyer sur une qualité précieuse : elle est lucide, elle a la tête sur les épaules et les pieds bien ancrés dans le réel.

En fin de compte, comme pour nombre de personnes qui ont vécu cette situation, « être légitime » devient le grand enjeu de son destin. Elle a voulu très tôt être comédienne et ne s'en est jamais cachée. Le moment venu, elle s'est donné les moyens de son ambition. Elle a commencé par les inévitables castings, les spots de publicité – dont un dans lequel son irrésistible frimousse vante les mérites d'un chocolat croustillant…

Le cinéma arrivera vite – trop vite, peut-être. Elle remporte le César du meilleur espoir féminin pour son rôle dans *Un frère*, le très beau film de Sylvie Verheyde. Suivront des productions grand public, comme *Restons groupés* de Jean-Paul Salomé. Elle jouera aussi dans des films plus confidentiels mais toujours choisis avec soin, et parfois très réussis : *Mille bornes* d'Alain Beigel,

Les Amants du Nil d'Éric Heumann, ou encore *Ma mère* de Christophe Honoré, adapté du roman de Georges Bataille.

Le public verra aussi Emma au théâtre, à la télévision et sur les scènes musicales. Car la musique est son élément, depuis ce concert de James Brown où on l'a aperçue, à l'âge de cinq ans, à califourchon sur les épaules de son père. On se souvient qu'elle a présenté sur Canal Plus une émission de référence, « La Musicale ».

Là est peut-être l'héritage : dans le désir de ne pas se laisser étiqueter, d'aller où la portent ses passions et ses goûts, d'être libre et de mener sa vie comme bon lui semble. Tel est d'ailleurs le caractère de Marie Manikowski, le personnage auquel elle prête son visage dans le téléfilm de Marion Vernoux, *Rien dans les poches*. Si elle excelle dans ce rôle, n'est-ce pas parce qu'il évoque ce qu'elle a vécu auprès de parents insouciants, au temps du Palace et des Bains-Douches, du sida et du rock éphémère ?

Quand il parle de son enfance, c'est la normalité qui revient dans ses paroles. Dutronc par son père et Hardy par sa mère, il a toujours mesuré sa chance : « Une vraie famille, dit-il. Pleine d'amour et de simplicité. »

On pourrait croire qu'être le fils de deux artistes de ce calibre signifie être trimballé d'un endroit à l'autre et flotter au gré d'une vie de bohème. Rien de tel chez les Dutronc-Hardy. La famille est très souvent réunie pour le dîner. On regarde la télévision ensemble. On se parle. On se sent protégé. Bien sûr, il y a « l'oncle ». Autrement dit, Serge Gainsbourg. Il n'est jamais très loin. Il lui arrive de glisser au petit, sous la table, une coupe de champagne. Il y a aussi Louis Chedid et Alain Souchon, avec qui ses parents font les quatre cents coups. Mais quoi d'exceptionnel ? Tous ces adultes ont toujours su se mettre à sa hauteur.

Au mitan de l'enfance, Thomas sent que les professeurs n'ont pas le même regard sur lui que sur les autres écoliers. « Je n'ai pas essayé d'en tirer parti, me dit-il. Au contraire. J'essayais d'être un bon élève. D'avoir une bonne conduite. De me montrer poli. » Il ne voulait pas décevoir ses maîtres – d'autant moins qu'ils avaient une telle admiration pour ses parents…

Au fait, est-ce pour être encore plus aimé d'eux qu'il a voulu très tôt devenir musicien ? « Pas du tout, répond-il. L'univers dans lequel j'ai grandi a joué un rôle, bien évidemment. Les studios d'enregistrement, tout ça… Mais je n'étais ni l'enfant des stars ni l'enfant star. »

Sa passion s'est tout de suite révélée : les instruments. La guitare, surtout. Il l'a apprivoisée en prenant son temps. Il a fait ses gammes. A appris à jouer Brel, Brassens, les Beatles. Très vite, le blues a fait irruption dans sa vie. Et ces *guitar heroes* que furent Jimi Hendrix et Stevie Ray Vaughan.

La grande rencontre, à la fin de son adolescence, sera Django Reinhardt. « Des amis me l'ont fait écouter. *Nuages*… Un horizon s'est ouvert. » Ses yeux s'embrasent quand il évoque ce musicien. Je crois alors le voir à La Chope des Puces, un établissement de Saint-Ouen que j'ai moi-même fréquenté. C'est là qu'il s'est initié au jazz manouche. Là qu'il a été adoubé. Là qu'il a commencé à creuser *son* sillon.

Sylvain Tesson

C'est un enfant de notre bourgeoisie libérale, un fils de la culture et de l'esprit français. La bannière « Liberté » aurait pu flotter sur le toit de la maison familiale, à Chatou. En tout cas, telle est la vertu première que les Tesson transmettaient aux enfants. La véritable ambition ne consistait pas, selon eux, à obtenir de prestigieux diplômes ou à réussir socialement, mais à s'accomplir, à trouver soi-même le chemin du bonheur – le bonheur étant chose singulière, définitivement.

Et Sylvain Tesson en a parcouru, des chemins ! Ils s'étirent sur des milliers de kilomètres aux quatre coins de la planète. C'est ainsi que cet homme s'est cherché. Ainsi qu'il a tenté de fuir un monde trop bruyant, trop chaud, trop peuplé et, en même temps, trop étroit. L'idée était de renouer avec l'espace et le temps. De se faire du temps un ami. En règle générale, le temps dispose de nos existences ; Sylvain Tesson, lui, veut disposer de son temps.

Voilà quelques années, il a demeuré six mois dans une cabane au bord du lac Baïkal. Ce lieu mythique, c'est la Sibérie, les confins du monde, un désert où le premier village se trouve à six heures de marche. Sylvain a vécu là-bas trois saisons, trois qualités de lumière. Il pêchait, coupait son bois, tirait de l'eau, écrivait… De ce voyage immobile, il a rapporté un récit magnifique, *Dans les forêts de Sibérie*, qui lui a valu en 2011 le prix Médicis de l'essai.

Il n'avait pas quarante ans quand il s'est lancé dans cette aventure, mais il avait déjà beaucoup roulé sa bosse. Sa première échappée remontait à ses dix-sept ans. L'Islande : telle était alors sa destination.

À vingt ans et quelques, il se lance dans un tour du monde à bicyclette avec son ami le réalisateur et écrivain Alexandre Poussin, ancien condisciple du lycée La Salle Passy-Buzenval. Par la suite, il traverse les steppes de l'Asie centrale : trois mille kilomètres à cheval, du Kazakhstan à l'Ouzbékistan. Il refait aussi l'itinéraire des évadés du Goulag, d'Irkoutsk jusqu'à Calcutta. Il parcourt l'Himalaya à pied : cinq mille kilomètres du Bhoutan au Tadjikistan.

Son père, mon confrère et ami Philippe Tesson, se rappelle avoir vu Sylvain, âgé de sept ans, quitter son lit en pleine nuit pour aller escalader un arbre. L'enfant, manifestement, avait déjà tout du stégophile acharné : les hauteurs exerçaient sur lui une attraction irrésistible. Un vrai chat de gouttière ! Depuis, il a conquis bien des bâtiments. Mais ce qu'il voulait d'abord et avant tout, c'était échapper à la sédentarité. Aller dormir dans les arbres, fuir l'école en passant par la fenêtre, exercer sa curiosité sur le monde.

« Les professeurs nous conseillaient de l'orienter vers des études courtes », me dit Philippe. Ses frasques, pourtant, n'empêcheront nullement le jeune Sylvain d'avoir son bac, d'intégrer hypokhâgne, puis khâgne, et d'obtenir un DEA de géographie. Mais, à l'évidence, s'il a consenti à rentrer dans le rang, c'était pour mieux en sortir. Il a bien voulu mettre entre parenthèses sa passion de la sauvagerie pour mieux l'assouvir. Les concessions ne pouvaient durer toute une vie.

« Il est le contraire de ce que je suis ! s'exclame Philippe. Et c'est ce que j'admire chez lui. » Il ne m'avait pourtant jamais semblé que Sylvain fût en opposition avec le faux mondain brillant et vibrionnant qu'est son père ! Du reste, c'est lui-même qui me l'a dit : « Mes parents étaient de bons parents. » À la naissance de Sylvain, ils étaient séparés depuis plusieurs années déjà. Il a grandi à Chatou aux côtés de son père et de Stéphanie, sa sœur aînée. La cadette, Daphné, vivait chez la mère, à Paris.

En fait, père et mère jouaient des rôles complémentaires et chacun y trouvait son compte. En somme, les enfants synthétisent et réalisent à merveille les passions qui ont nourri la vie de leur père, Philippe Tesson : Stéphanie est dans le théâtre, Daphné dans le journalisme et Sylvain dans la littérature. La littérature et le voyage, pour mieux dire. Ou encore : la littérature comme façon première de voyager. Comme promesse d'un ailleurs.

Contrairement au Savoyard Xavier de Maistre, Sylvain n'est pas un grand adepte du *Voyage autour de ma chambre*. Depuis toujours, ce qu'il veut écrire, c'est le monde. Et pour écrire le monde, il faut aller le voir. Y chercher une autre réalité, une réalité *possible*.

Vincent Cassel

Lui aussi est toujours en mouvement : la France, les États-Unis, l'Italie, le Brésil… Mais je pense aussi, en écrivant ces lignes, aux mouvements du corps, aux mouvements de l'acteur. Telle est sa marque. À l'écran comme dans la vie. Vincent Cassel semble ne jamais vouloir ou pouvoir s'arrêter. C'est un danseur – son père, Jean-Pierre, l'était aussi. Et, comme son père, c'est un grand acteur. Il faut pour lui – pour eux – que la vie soit une danse.

C'est en regardant son père tant admiré évoluer sur les plateaux de tournage, et dans l'intimité familiale, qu'il a voulu devenir à son tour comédien. Jouer avec son corps, jouer avec les mots. Jouer à *être*. Vincent Cassel a vu très tôt se profiler l'exigence d'un engagement total. Mais n'était-il pas le fils d'un artiste qui savait tout faire ? Une chose est d'aimer les déguisements, de monter de petits spectacles pour régaler la famille ; une autre, de faire de l'*acting* un métier. « Il a fallu que je trouve mon chemin, me dit-il. D'accord, quand on a un père qui danse, qui chante, qui joue, ça aide ! Mais je tenais à tailler ma propre route. »

Vincent n'aime guère l'expression « fils de ». Il lui préfère de loin une autre : « Enfant de la balle. » Après de longues et pénibles années de pension en Normandie, il entre à dix-sept ans à l'École du cirque d'Annie Fratellini. Il étudiera aussi le chant et l'art dramatique, notamment au sein de la Compagnie

Renaud-Barrault. Il se forme d'abord en France, puis aux États-Unis, en particulier à New York, où vit sa mère. En l'écoutant, je n'ai cessé de me dire: « Tout va très vite… »

Ses jeunes années de formation, pour utiles qu'elles aient été, l'ont laissé insatisfait. J'ai eu le sentiment, à l'entendre, que tout se révélait toujours trop étroit pour un corps et un esprit à ce point orientés vers l'expression de soi. Vincent veut *jouer*. Au sens propre. Il cultive depuis toujours cette approche ludique du métier. Il ne croit pas à l'intériorisation. Les personnages, il a besoin d'*aller les chercher*, comme on mène une enquête. Ce qui implique de se rendre sur le terrain. D'écouter. D'observer la façon dont marchent les gens. Les gens: Vincent a besoin de les percevoir, de les sentir. « C'est mieux que d'intellectualiser un rôle », dit-il.

C'est en situation qu'il s'est préparé à jouer dans *La Haine*, de Mathieu Kassovitz. De même quand il s'agira d'incarner le gangster Mesrine dans *L'Instinct de mort* et *L'Ennemi public n° 1* de Jean-François Richet. Cette dernière interprétation lui vaudra d'ailleurs un César du meilleur acteur. C'était il y a plus de dix ans.

Contrairement à nombre d'artistes qui ont voulu marcher dans les pas de leurs parents, Vincent Cassel a dû faire preuve de patience avant d'éclater au grand jour. Il a vingt-huit ans quand Kassovitz l'engage pour *La Haine*. « C'est le moment, me dit-il, où j'ai pu commencer à travailler avec des metteurs en scène qui m'intéressaient. Ils m'intéressaient parce que je sentais que j'avais quelque chose à faire avec eux. »

Il ne pouvait être question de reproduire la carrière de son père. Ce que voulait Vincent, c'était être « un acteur de son temps ». C'est pourquoi, par exemple, il s'est tourné vers le dramaturge Xavier Durringer. L'idée était aussi de ne se laisser enfermer dans aucun genre, aucune mode, aucun style. Enfant, dans le petit cinéma d'Arcachon tenu par son grand-père, il goûtait tout ce qui passait à l'écran : les films de série B, les comédies italiennes, le « nouvel Hollywood » et les derniers chefs-d'œuvre comme *Taxi Driver* de Martin Scorsese, avec Robert De Niro.

C'est ça, Vincent Cassel : la rencontre d'un Robert De Niro et d'un Gene Kelly. L'acteur profond et le danseur. Un danseur qui boxe ses rôles. Un animal habité par la grâce.

Jean-Marie Périer

Voici un nostalgique de la légèreté et de l'insouciance, un « enfant gâté », comme il l'a dit lui-même dans un livre[1]. Son privilège est d'avoir photographié un âge qui n'avait encore jamais existé : l'adolescence.

Du début des années 1960, il ne veut conserver que des souvenirs colorés. Comment pourrait-il en être autrement ? Il a eu dès leurs débuts, dans son objectif, ceux qui ont nourri en leur temps l'imaginaire du plaisir et de la jeunesse : Johnny Hallyday, les Stones, Françoise Hardy, Eddy Mitchell, les Beatles, France Gall, Sheila, Bob Dylan, Sylvie Vartan, Marianne Faithfull…

On l'a surnommé « le photographe des yé-yés », ces artistes de variété dont certains morceaux martelaient un *yeah* obsédant venu d'Amérique. C'est injuste. La carrière de Jean-Marie Périer s'étend sur plus de cinquante ans et il ne s'est pas contenté des pages du magazine *Salut les copains*. Il a une œuvre derrière lui, dans laquelle figurent d'authentiques portraits : Steve McQueen, Brigitte Bardot, Yves Saint Laurent, James Brown, Jacques Dutronc, Catherine Deneuve, les membres du groupe Téléphone, Alain Delon, ou encore Natalie Portman. La liste est loin d'être close.

L'histoire débute en 1956. Il a seize ans, sa mère est la comédienne Jacqueline Porel et son père, un acteur

1. *Enfant gâté*, XO éditions, 2001 ; Pocket, 2002.

célèbre : François Perier. François et Jacqueline se sont séparés quand il avait six ans. Pour l'heure, le garçon envisage de devenir musicien et la vie ne lui fait pas un sort trop désagréable. Il lui arrive souvent de croiser chez son père des personnalités dont le visage s'étale sur les affiches des cinémas : Yves Montand, Bernard Blier, Humphrey Bogart, sans parler de la fascinante Lauren Bacall ou du poète mondain Jean Cocteau.

Ce jour-là, il joue du piano dans l'appartement de sa mère, qui reçoit son amant. Ce dernier montre au jeune homme une pochette de disque, un album du chanteur bien connu Henri Salvador. L'amant dit à Jean-Marie : « Tiens, regarde. Ton père, c'est lui. » Lui : le chanteur Henri Salvador. Et non pas l'acteur François Perier.

Jean-Marie se souvient de cette scène avec une netteté parfaite. De ce traumatisme, faudrait-il dire. Un choc effrayant. De sa vie, il ne pourra se rasseoir au piano. La musique, c'est à jamais fini. « C'était devenu, me dit-il, une impossibilité physique. D'un seul coup. »

Jacqueline Porel s'était trouvée enceinte d'Henri Salvador alors qu'ils n'étaient déjà plus ensemble et qu'il partait pour l'armée. Puis est venue l'histoire d'amour avec François Perier. Quand l'enfant est né, en 1940, François a choisi de l'adopter et de l'élever comme son propre fils. Le secret s'est alors refermé.

Une rencontre pénible finit par arriver en 1947 : celle de François Perier et d'Henri Salvador. Ce jour-là, le père adoptif a menacé le père biologique, qu'il appelait « l'autre », en lui jetant ces mots à la figure : « Si tu t'approches du gamin, je te tue. »

Après le choc de la révélation, Jean-Marie a eu envie ou besoin de voir Salvador. « Par curiosité », me dit-il.

Le chanteur se produisait à l'Alhambra, un music-hall réputé de la rue de Malte, dans le XIe arrondissement. Profitant de l'absence de François Perier, sur scène ce soir-là, l'adolescent s'échappe de la maison et achète un billet pour assister au spectacle. Dès le début, il est bouleversé. Non seulement ce monsieur Salvador est son père, mais il fait ce que lui, Jean-Marie, a toujours rêvé de faire : une carrière de musicien. En l'occurrence : de jazzman. Deuxième choc. Jean-Marie se lève et quitte la salle, assommé. De retour à la maison, il attend que François rentre du théâtre. Et il lui parle. François Perier fond en larmes.

Aujourd'hui encore, Jean-Marie a honte d'avoir fait pleurer son père. Il est probable qu'il ne se remettra jamais vraiment de ces traumatismes. Il avait seize ans. Seize années pendant lesquelles son « vrai père » ne s'était guère soucié de lui ! Afin de surmonter le terrible sentiment d'abandon qui l'accable, il décide de couper tout ce qui le relie à Henri Salvador. Y compris la musique ! Les deux hommes se reverront en 1982. Après quoi, ce sera la rupture définitive. « Toujours pour les mêmes raisons, me dit Jean-Marie. Les promesses non tenues. »

À ses yeux, son « vrai père » est celui qui l'a élevé. Celui qu'il aime, qu'il admire et dont il se sent profondément aimé. Cet homme qui a toujours été pour lui un exemple, dans son métier comme dans la vie.

François a compris pourquoi Jean-Marie voulait arrêter la musique. Il n'a pas discuté. En même temps, il le voyait perdu. Et il en souffrait. Il a décidé de l'emmener à Rome, où l'attendait Federico Fellini sur le tournage des *Nuits de Cabiria*. Mais à Rome, l'adolescent n'arrive pas à s'arracher à sa torpeur. Il est apathique. Il n'a de goût à rien. François est de plus en plus inquiet. Ne sachant plus que faire, il s'en ouvre à un journaliste présent sur le plateau. Le reporter lui donne alors cet étrange conseil : « Quand on ne sait pas quoi faire de son fils, on le fait entrer à *Paris Match.* »

En quelques semaines, Jean-Marie Périer devient l'assistant du photographe et homme de radio Daniel Filipacchi. « Mon troisième père, dit Jean-Marie avec humour. Il m'a fait cadeau d'un Leica et m'a pris sous son aile. Je suis tout de suite parti faire les tournées – Miles Davis, Dizzy Gillespie, Gerry Mulligan… »

Quelques années plus tard, quand Daniel Filipacchi lancera l'émission de radio et la revue *Salut les copains !*, Jean-Marie Périer se retrouvera au centre du bouleversement sociologique qui devait accompagner les métamorphoses de la jeunesse. Son Leica ne le quitte plus. Il est fort aussi d'un conseil que lui a donné ce « troisième père » : « Surtout, que tes photos déplaisent aux parents ! »

J'ai eu l'honneur de poser devant son objectif pour les cinquante ans de *Paris Match*. L'image, conçue comme une photo de classe sur fond noir, rassemblait des personnalités de la politique, des arts, des médias et du sport. On y aperçoit aussi des représentants de la société civile. Jean-Marie est ce jour-là notre instituteur.

À travers les stars du mouvement yé yé, Jean-Marie Périer a saisi et immortalisé l'embrasement d'une société qui ne serait plus jamais la même. Mais l'un de ses plus grands talents reste d'avoir su nous donner le sourire. Comme il l'a fait à toutes celles et tous ceux qu'il a photographiés, ainsi qu'à ses admirateurs.

ON NE CONNAÎT PAS TOUJOURS LA CHANSON

Il n'y a pas d'autre amour que celui qui consiste à donner sa vie pour ceux qu'on aime.

Léon Tosltoï

Ne veuillez point condamner ma simplesse,
Et jeune erreur de ma folle jeunesse,
Si c'est erreur. Mais qui dessous les Cieux
Peut se vanter de n'être vicieux ?

Louise Labé

En France, on le sait, tout commence et tout finit par des chansons. Et si l'industrie du disque est en crise depuis quinze ans, la chanson française se porte bien, comme d'ailleurs la musique en général.

À quinze ans, je connaissais Georges Brassens et je l'aimais déjà beaucoup, mais je ne l'avais jamais vu se produire sur scène. Apprenant qu'il passait dans la salle dite « de l'Opéra », rue de Thillois – en fait, un cinéma –, j'ai voulu aller l'écouter. Comme je n'avais pas d'argent, j'ai attendu l'entracte et je me suis glissé clandestinement dans la salle. C'est ainsi que j'ai assisté au concert assis par terre, à quelques mètres de lui. J'avais vraiment le sentiment qu'il chantait pour moi – le comble du bonheur.

C'est à Reims également, au tout début des années 1960, au Grand Théâtre de l'Empire, que j'eus l'immense bonheur d'écouter Édith Piaf. Du fond de la salle, je distinguais à peine sa petite silhouette, mais sa voix aux accents tragiques résonnait merveilleusement – elle vibre encore en moi de toute sa puissance.

Quelle chance de pouvoir écouter et voir ces monstres sacrés ! S'il fallait les citer tous, la liste serait longue. Je pourrais reconstituer mon agenda de l'époque en récapitulant les artistes que je suis allé voir sur scène ! J'ignorais qu'il me serait donné, pour certains, de les rencontrer. Comment oublier le concert de Léo Ferré au Palais des Congrès, fin 1975 ? Serge Gainsbourg, avant qu'il ne devienne Gainsbarre ? Et l'autre Serge : Reggiani, que j'ai vu à l'Olympia au printemps 1982 ? Charles Aznavour, bien sûr, que j'ai applaudi à plusieurs reprises. Et Johnny, qui me proposera en 2011 de l'accompagner à Bordeaux, où il se produisait dans ce qui était encore le stade Chaban-Delmas. Ces artistes nous ont quittés, mais leur voix immortelle nous accompagne encore : grâce à elle, nous revivons d'intenses moments de bonheur.

Aujourd'hui, le vinyle revient à la mode. J'en ai moi-même une belle collection. Ils me renvoient à une époque, à des habitudes, à une culture qui, somme toute, ne sont pas si éloignées. Quel plaisir d'avoir une pochette entre les mains, d'en étudier les choix graphiques ; de revivre le geste qui consiste à sortir le disque pour le déposer délicatement sur la platine, et même de choisir un morceau en déplaçant le bras mécanique, d'entendre enfin les craquements exquis...

Musique !

Juliette Gréco

« Quel meilleur miroir que le regard des autres ? » C'est avec cette question que s'est conclu notre échange.

Juliette Gréco s'est construit un destin dans la compagnie de ceux qui aimaient la regarder, l'entendre et la comprendre : Boris Vian et Miossec, Gainsbourg et Benjamin Biolay, Charles Trenet et Abd al Malik. Et si elle l'a toujours recherché, ce fameux « regard des autres », c'est parce qu'elle n'a pas véritablement connu celui de ses parents.

Enfant, elle voyait peu son père. Quant à sa mère, elle ne l'avait pas désirée. Elle lui disait : « Tu es le fruit d'un viol, tu n'es pas ma fille. » Relation d'autant plus cruelle que Juliette l'aimait, cette mère, une femme qu'elle admirait pour son appétit de liberté et son indépendance. Prénommée Juliette, elle manifestait elle aussi un anticonformisme de mauvais aloi dans le milieu catholique bordelais dont elle était issue. Homosexuelle et engagée à gauche, elle entendait mener son destin à sa guise. Séparée de l'homme dont elle avait deux enfants – Charlotte et Juliette –, elle supportait mal d'avoir ces filles à élever. Elle décida de les expédier chez les grands-parents à Talence, près de Bordeaux.

Juliette a souffert d'être celle dont on ne voulait pas. « Comme ma mère ne m'aimait pas, me dit-elle, j'étais convaincue que l'on ne peut aimer. »

En 1933, à six ans, la petite Juliette Gréco perd son grand-père. Impossible désormais, pour la grand-mère, de s'occuper des filles. La mère décide de s'installer à Paris. Au moins Juliette, grâce à l'école, n'aura plus à souffrir de la solitude. Elle s'ouvre au monde et se passionne pour la danse. À douze ans, elle est petit rat à l'Opéra Garnier. «Je pouvais enfin m'exprimer, me confie-t-elle. Sans même avoir à parler.»

De nouveaux horizons s'ouvrent à elle quand la guerre éclate. Comme nombre de celles et ceux avec qui j'ai eu l'honneur d'échanger, Juliette Gréco a gardé en mémoire les images confuses, incertaines d'une période complexe, ce «moment gris», pour reprendre la formule employée par François Truffaut dans ses entretiens avec Claude-Jean Philippe. Rien alors n'était clairement défini. C'était le temps des ombres et des brouillards. Personne ne comprenait vraiment les choix d'autrui.

L'Occupation pousse la mère et ses filles à partir s'installer en zone libre. Ce sera Périgueux, en Dordogne. Mais la présence allemande s'étend bientôt à toute la France. La mère s'engage dans la Résistance. En 1943, elle sera arrêtée avec ses deux filles. La mère et l'aînée, Charlotte, sont déportées à Ravensbrück. Juliette Gréco, trop jeune pour subir un tel sort, est transférée à Fresnes, la prison où les nazis torturent les résistants. Elle y restera un mois. Un beau jour, on l'accompagne à la Gestapo, avenue Foch. Là, on lui rend ses affaires. Elle est libre…

Elle ignore, à ce moment-là, ce qu'il est advenu de sa mère et de sa sœur. Elle a seize ans, elle est sans argent. Sa fortune se résume à un ticket de métro. Elle se tourne vers Hélène Duc, une de ses anciennes professeures de français qui vit dans le quartier

Saint-Sulpice. Après-guerre, Hélène deviendra comédienne. On la verra au théâtre, au cinéma, à la télévision dans *Les Rois maudits*. Elle aussi est dans la Résistance. Deux années durant, elle prend soin de Juliette. Elle se charge même de l'envoyer à l'école et de lui faire prendre des cours de théâtre. Elle représente aussi un soutien moral en ces heures tragiques. Et s'efforce de lui offrir un semblant de vie normale. « Elle s'est occupée de moi comme si j'étais sa fille, m'a raconté Juliette Gréco. Elle me regardait comme personne ne m'avait jamais regardée. » La vérité, c'est qu'Hélène a sauvé Juliette.

L'enfance s'achève avec la fin de la guerre : elle a dix-huit ans en 1945. Saint-Germain-des-Prés est son quartier depuis deux ans. Et c'est à quelques pas de là, à l'hôtel Lutetia, réquisitionné pour accueillir les déportés à leur retour des camps, qu'elle retrouvera bientôt sa mère et sa sœur. « L'émotion était trop forte, me dit-elle. Décrire ce moment est impossible. »

Mais une nouvelle frustration s'ajoute à toutes ces souffrances : la mère de Juliette Gréco, à son retour en France, n'aura d'yeux que pour celle qui est alors son amante. Juliette comprend alors que sa mère non seulement ne l'a jamais regardée, mais ne la regardera jamais…

D'autres sauront la regarder ! D'autres sauront l'écouter et l'aimer. Comme Gérard Jouannest, son mari et son pianiste, disparu en 2018. Ou comme ces figures qui ont fait le Saint-Germain-des-Prés de la Libération et de l'après-guerre : Boris Vian, Jean-Paul Sartre, Simone de Beauvoir, Maurice Merleau-Ponty, Léo Ferré, ou encore Joseph Kosma. Boris Vian l'invite à dîner et lui dit :

« Dis donc, Gréco, pourquoi tu ne parles pas ?

– Parce que j'écoute », répond-elle.

Ils sont côte à côte sur le divan. Vian éteint la lumière et attire la jeune femme contre lui. Débute une conversation, sur le mode anodin. Une conversation au cours de laquelle Juliette a la surprise de s'entendre *parler*. Jusque-là, elle se taisait.

Bientôt, elle chantera.

Akhenaton

Rares sont les chanteurs français qui peuvent se vanter d'avoir donné un concert aux pieds des pyramides de Gizeh. Le rappeur Akhenaton l'a fait ! Avec le groupe IAM. Avait-il imaginé qu'il réaliserait jamais cet exploit, l'enfant féru d'Égypte élevé à Plan-de-Cuques, dans les Bouches-du-Rhône ?

C'est là, dans ce village proche de Marseille, que tout a commencé. Il grandit au milieu des champs et des arbres. La grande ville, pourtant, est toute proche. Notamment les quartiers de La Plaine et de Belsunce, où Marseille a son âme. Le jeune Philippe Fragione les a bien connus ; il a vécu au plus près de leurs vibrations.

Dès l'enfance, il est fasciné par la civilisation égyptienne. Le pharaon Akhenaton lui apparaît comme un rebelle, un révolutionnaire. Comme ses parents ! pourrait-on dire. En effet, le père et la mère du petit Philippe militent au Parti communiste et à la CGT. Quoi qu'il en soit, il se fera du pharaon un modèle durable : Akhenaton deviendra son nom de scène – ou *de guerre*, comme on voudra. Grâce à cette trouvaille, le groupe IAM devient une formation atypique, dont tous les membres portent un nom lié aux civilisations antiques.

Je me souviens des débuts d'IAM. De leurs premiers albums. Ce qui frappait, c'était cette imagerie qui détonait dans le paysage du rap français. Voire dans l'univers du rap en général, très codifié du point de vue vestimentaire et linguistique. IAM et Akhenaton ne ressemblaient à rien de ce qui s'était vu et entendu avant leur apparition. Leur image, leurs textes, leur son : tout était nouveau.

Akhenaton a découvert le rap à l'âge de treize ans. Nous sommes à la fin des années 1970, au début des années 1980. Le hip-hop est encore inconnu en France ; c'est un genre qui se développe aux États-Unis, à New York notamment, en particulier dans le quartier du Bronx. Or Akhenaton, en 1984, fait justement son premier voyage à New York. Une tante lui avait promis, s'il travaillait bien en classe, de l'emmener visiter la « Grosse Pomme » et Brooklyn, où s'était établie une partie de sa famille, originaire de Naples. Suivront d'autres voyages à New York. Akhenaton s'y familiarisera avec le hip-hop, dont il ne fait aucun doute qu'il perçoit très vite la puissance. « Une puissance musicale, me dit-il, mais aussi culturelle. Voire sociale et politique. Cette musique racontait le monde tel que je le voyais à Marseille. »

À New York, grâce à ses amis rappeurs, il apprend le « métier » de musicien. Cependant il passe son bac. Il s'inscrit à la fac, en biologie. Il n'ira pas au-delà de la première année. « S'il n'y avait pas eu la musique, me dit-il en toute simplicité, j'aurais peut-être continué. Après, j'aurais fait géologie, archéologie… » Mais la musique exerçait sur lui une attraction trop forte. Et son talent était déjà si grand…

Il cesse de passer des vacances en famille à Naples. C'est New York qui l'attire. La ville lui est devenue familière. Comme presque tous ceux qui en ont respiré l'atmosphère, il s'y sent « en vie ». Ses copains l'ont surnommé Chill Phil : « Philippe le Frisson ».

Un jour, à Brooklyn, dans le studio d'enregistrement d'un ami, un lieu où passent beaucoup de jeunes rappeurs, il est amené à remplacer un chanteur qui n'a pas réussi à placer son couplet. « J'ai rappé à sa place, m'a raconté Akhenaton. Je ne me suis pas dégonflé. » Le jeune Fragione entre dans la cabine. Se chauffe un peu. Et envoie son *flow*. Ceux qui sont là doivent se pincer pour en croire leurs propres oreilles. Son couplet est retenu. Il est toujours possible de l'écouter, d'ailleurs. Le groupe s'appelait Choice M.C. et le morceau, « This is the "B" Side ».

L'Histoire retiendra que Philippe Fragione, *aka* Chill Phill, *aka* Akhenaton, a effectué ce jour-là ses premiers pas officiels dans le hip-hop, devenant par là même le premier *featuring* rap franco-américain de l'histoire de la musique. Écoutez bien ce couplet : vous ne manquerez pas d'y entendre un écho de Marseille.

Tout comme Akhenaton, il appartient à une branche de cet arbre musical extraordinaire qu'est la musique noire américaine. Et il a donné à la France son premier groupe de rock, une formation dont il fut le guitariste vedette : Téléphone. Il est vrai qu'il est né la même année que le rock'n'roll…

J'entends déjà s'élever des protestations. Or, je n'ignore rien des débats qui opposent les spécialistes sur le sujet. Le fait est que, pour le néophyte, il n'est pas facile de trancher entre Louis Jordan (fin des années 1940), Bill Haley (années 1950), etc. Chacun a apporté sa pierre à la construction de l'édifice, y compris les Chuck Berry et Gene Vincent…

Pour ma part, j'ai choisi de retenir le point de vue de Christian Blachas, mon camarade trop tôt disparu, à qui l'on doit l'émission culte « Culture Pub » sur M6. Il l'a exprimé dans un livre délicieux : *6 juillet 1954 : le jour où la musique bascula*[1]. Selon lui, le rock'n'roll naît ce jour-là de la rencontre entre le blues, le rythm'n'blues et la country – entre une culture musicale blanche et une culture musicale noire. Et cette naissance est illustrée par « That's All Right Mama », le premier tube d'Elvis, alors âgé de dix-neuf ans.

Cette même année, Louis Bertignac voit donc le jour à Oran. On distingue dans cette naissance un

1. La Table Ronde, 2003.

autre élément de prédestination : le père du bébé travaille dans une exploitation de flippers et de juke-box. Il rapporte ces machines à la maison, après qu'elles ont tourné longtemps, et il les répare. Le petit Louis grandira en se constituant une discothèque de rock à faire rêver les aficionados.

Je n'ai aucune peine à l'imaginer écoutant sa musique préférée sur son Teppaz ou sur un mange-disque – deux objets, pour parler comme Roland Barthes, qui ont fait la *mythologie* de l'époque. J'avais alors mon propre « tourne-disque », grâce auquel vibraient les murs de ma chambre, en un temps où les radios ne diffusaient pas encore ce genre de variété. Il est vrai que les Beatles ni les Rolling Stones n'avaient franchi le Channel. Les Stones, d'ailleurs, n'existaient même pas.

Les premières idoles du jeune Bertignac s'appellent donc Bill Haley ou Chuck Berry, lequel est en passe de conquérir le monde avec son explosif « Johnny B. Goode ». Ses parents lui ayant conseillé de faire de la musique, il opte naturellement pour la guitare. Mais le solfège l'ennuie. Il ne s'y intéressera jamais, du reste. Quand le professeur lui demande de jouer quelque chose, il improvise ! L'enseignant n'apprécie guère. L'élève doit quitter le cours.

Pas grave. Ce qu'il veut, c'est jouer avec d'autres musiciens, improviser avec eux. L'improvisation, qui vient en droite ligne du jazz, sera sa marque de fabrique, la clé de son style et du style que développera Téléphone. Pour avoir vu plus d'une fois cette formation se produire sur scène, je puis affirmer que le concert du lundi ne ressemblait pas au concert du mardi – à l'image des grands groupes de rock qui sévissaient alors et dont Bertignac a fait ses modèles.

Adolescent, il aime les Who, Jimi Hendrix Experience, mais aussi les Rolling Stones qui créent un son nouveau, plus brut, plus violent. Ces *bands* auront sur lui une forte influence. On ne saurait les Beatles : eux aussi ont beaucoup compté dans l'évolution du jeune musicien. Car les Beatles, à l'époque, sont en train de changer l'histoire de la musique. Encouragés par George Martin, leur producteur, et par leurs ingénieurs du son, ils ne se lassent jamais d'expérimenter, de se jouer des mélodies, des tonalités, des dissonances et des mots. Des instruments aussi : flûte, sitar, tanpura, Mellotron, violon, violoncelle, clavecin, harmonium. Pour « A Day in the Life », un des morceaux les plus beaux et les plus audacieux de l'histoire musicale, ils iront jusqu'à convoquer l'Orchestre symphonique de Londres.

Dans sa chambre d'adolescent, Louis écoute ces musiciens au casque, pendant des nuits entières. Il apprend leurs morceaux qu'il joue à la guitare dans l'espoir d'épater les filles en colonie de vacances. Il possède quelque chose que les autres n'ont pas et il veut le faire savoir. En se produisant ainsi, il s'efforce de venir à bout d'une timidité tenace. Aux copines qui veulent bien l'écouter, il s'ouvre de son rêve : monter un groupe de rock. Mentalement, il est très loin des contraintes imposées par le lycée et du baccalauréat qui approche inexorablement.

Le lycée en question, c'est Carnot, dans le XVIIe arrondissement. La famille a dû quitter Oran pour Paris. Un condisciple lui parle d'un copain qui fréquente un autre établissement à Neuilly-sur-Seine et qui joue lui aussi de la guitare. Il en jouerait même très bien. Et il aurait la passion du rock. Une rencontre est envisagée à Neuilly, mais Bertignac décline – la timidité n'est pas encore vaincue.

Quelques jours plus tard, cependant, le fameux guitariste de Neuillly, le fan de rock'n'roll, vient l'attendre à la sortie des cours. Son nom : Jean-Louis Aubert. L'entente est immédiate. Et parfaite. Ils se rendent ensemble dans un magasin de guitares, non loin de là. Ils jouent. Ils se montrent des accords. « On s'est refilé des plans, me raconte Bertignac aujourd'hui. Des mélodies. Des façons de jouer tel ou tel truc. » Ils savent déjà qu'ils ont quelque chose à partager.

Louis accompagne Jean-Louis à Neuilly. Dans la chambre de ce dernier, ils recommencent à jouer. Ils y passeront la nuit.

Tous, nous connaissons la suite de cette belle histoire. L'histoire du groupe formé par Aubert, Bertignac, Kolinka et la bassiste Corine : les cinq cents concerts ou presque, un succès qui dépasse les frontières, les six millions de disques vendus. En 2015, Aubert, Bertignac et Kolinka se sont à nouveau réunis dans un groupe, Les Insus, pour reprendre le répertoire de Téléphone. Corine n'était pas de la partie, c'est Aleksander Angelov qui l'a remplacée. L'initiative, que de nombreux fans attendaient, a donné lieu à une tournée qui s'est achevée au Stade de France.

À la fin de notre entretien, je demande à Louis de me dire ce qu'il pense aujourd'hui de cette extraordinaire aventure. Il est ému. Regrette-t-il ses années de jeunesse ? A-t-il la nostalgie de cette époque insouciante ? « Tout ce qu'on voulait, dit-il, c'était jouer ensemble. »

L'esprit rock triomphait alors : faire de la musique et jouir de la vie.

Étienne Daho

Comme Louis Bertignac, il a vu le jour à Oran. Ses parents sont séparés. La mère, obligée de travailler, ne peut veiller sur les enfants qui sont confiés aux grands-parents maternels. Ces derniers ont acheté un commerce à vingt kilomètres d'Oran, au Cap Falcon, un village de pêcheurs éloigné de la guerre, de la violence, des armes et des cris d'horreur. Ce commerce fait épicerie et débit de boisson ; il a quelque chose du café de la plage ; et il est équipé d'un juke-box.

Dès que nous évoquons ces années algériennes, je perçois l'émotion d'Étienne Daho. Le Cap Falcon est son paradis perdu. Le juke-box est sa madeleine de Proust, son *rosebud*, comme dans *Citizen Kane* : l'objet à partir duquel tout se construit, tout s'explique et tout s'éclaire. « C'est mon premier grand amour », me dit Étienne.

Oui, c'est bien du juke-box qu'il parle. L'objet sacré, la bande-son de son enfance – les Beach Boys, Gainsbourg, les yé-yés, Jacques Dutronc et Françoise Hardy. Dans cet objet s'est enracinée la vocation de l'artiste. Il raconte : « Quand un client mettait un disque, je montais sur une table, voire sur le comptoir, et je dansais en faisant du play-back sur le morceau. D'autres fois, je ne leur laissais pas le temps de réfléchir : c'est moi qui choisissais le morceau ! »

Mais ce temps est révolu. L'éden est loin. Reste la nostalgie…

Sur le plateau de l'émission, une photo s'affiche : le petit Étienne en culottes courtes, posant devant le fameux juke-box, l'objet fétiche. Je vois dans son regard l'enfance qui ressurgit : les sensations, les émotions d'alors, la joie en dépit des bombes qui explosent à quelques kilomètres. La magie de l'enfance : fuir une réalité violente par l'imagination et la création d'un monde. « La vie m'était légère, raconte Étienne Daho. C'était la fête… »

Une famille aimante le protégeait. Les souffrances, les conflits, les attentats : tout cela ne l'atteignait pas. Évoquant ces années aujourd'hui, il ne veut en retenir que la douceur de vivre, l'insouciance – cette atmosphère au goût tendre et sucré qu'évoque si bien la musique des Beach Boys, un groupe dont il n'oubliera jamais l'album *Surfin' Safari*, photographie visuelle et sonore d'un temps merveilleux.

La pochette de cet album renvoie aussi Étienne au souvenir du père qui lui a manqué. C'était un homme de passion, un fou de musique qui adorait les femmes et refusait les règles. Plutôt que de s'occuper de ses enfants, il préférait vivre à fond sa vie de jeune homme hédoniste.

« Enfant, raconte Étienne, j'avais de lui une image complètement fantasmatique. La dernière fois que je l'ai vu, c'était au Cap Falcon… » Le garçonnet avait cinq, six ans peut-être. Et le souvenir est fragmenté, incomplet… « Il est venu me voir. Il était avec deux amis. Ils ont passé un moment au bar. Puis mon père m'a emmené sur la terrasse. Là, il m'a serré dans ses bras, intensément… Et il est parti. J'ai su tout de suite que je ne le reverrais plus. »

Pourtant, bien des années plus tard, alors qu'Étienne passait à l'Olympia, le père est revenu. Il est allé dans les loges et il a demandé à parler à son fils. Mais le fils a dit non. Définitivement non.

« Après sa visite au Cap Falcon, dit Étienne, c'est mon grand-père qui a incarné la figure paternelle. C'était un homme simple, un homme calme, plein de légèreté. »

La guerre – ou la « pacification », comme certains l'appelaient – touche à sa fin. Étienne Daho est de retour à Oran, où les haines sont toujours à vif. À six ans, il doit enjamber des cadavres sur le chemin de l'école. Les derniers mois du conflit seront une horreur pour sa mère qui s'efforce de protéger ses enfants, coûte que coûte.

Il faut déménager. Alors qu'ils reviennent chercher des affaires dans l'immeuble déserté, ils s'enferment dans l'appartement pour faire un dernier tri. Dans l'escalier, un cri retentit : « Viens ! on va tout brûler chez Daho ! » Comment ont-ils pu en réchapper ? Étienne ne s'en souvient plus. Il n'a gardé que quelques images en tête, dont celle de sa mère essayant de bloquer la porte, tandis que des hommes tentent d'incendier l'immeuble…

Quoi qu'il en soit, c'est un miracle qu'ils n'aient pas péri brûlés vifs. Et l'épisode marque pour eux la fin de la vie en Algérie. Pour Étienne, ce sera la pension. À huit ans, en 1964, il part pour Reims avec une de ses tantes.

Le jeune Daho fera tout pour s'intégrer. Il sait qu'il n'est pas toujours le bienvenu : les familles de rapatriés ne reçoivent pas l'accueil espéré auprès de leurs compatriotes métropolitains… Il faut faire profil bas, comme dans *Le Coup de sirocco* d'Alexandre Arcady. Mais le jeune Étienne a l'intention d'être dans les premiers et de se faire respecter.

Heureusement, il y a l'école. Et il y a la musique. Ces activités lui offrent une protection. Elles l'aident à se fondre dans le décor. Mais déjà, dans son cœur, c'est la musique qui l'emporte…

Puis la famille ira s'établir à Rennes et la vie, avec le temps, prendra un cours normal. Mais pour Étienne, le chagrin est toujours là : il pense au Cap Falcon. Au fond, jusqu'à ses premiers pas dans la musique, il vivra comme entre parenthèses, entre deux vies, alors que l'accompagne la musique de Pink Floyd, du Velvet Underground et de David Bowie.

« J'attendais que la vie reprenne », me dit-il. Et il ajoute : « D'ailleurs, le climat musical, à Rennes, se prêtait aux rêves de réinvention, de reconstruction. Beaucoup de gens faisaient de la musique. Ils créaient des groupes alors qu'ils savaient à peine chanter, à peine jouer de leur instrument… Ça créait un climat propice aux rencontres, aux expérimentations. »

C'est durant cette période qu'il fait la connaissance des Stinky Toys. Ce groupe se composait d'Elli Medeiros, qui se fera connaître plus tard du grand public grâce à son tube « Toi mon toit », et de Jacno qui deviendra pour Étienne un frère. C'est grâce à eux, et à d'autres, qu'il se lancera dans la musique et inaugurera, enfin, le premier jour du reste de sa vie.

Liane Foly

L'Algérie toujours : pour Liane Foly, ce pays fait partie de son histoire. Elle a vu le jour à Lyon, en 1962, alors que ses parents venaient de débarquer d'Algérie. Arrivés, comme tant d'autres, avec pour seule fortune leurs souvenirs – des parfums, des lieux aimés, des mélodies.

La petite Éliane – c'est son prénom de naissance – est marquée par le chagrin de ses parents : le déracinement et les regrets leur pèsent. « Ça ne m'a pas empêchée d'être une fillette heureuse, me confie-t-elle, mais je ressentais leur douleur profondément. Ils avaient beau tout faire pour que la joie demeure, la tristesse était là. » Elle pointait au détour d'une conversation, d'une nouvelle à la télé. L'espace d'un instant, les visages s'assombrissaient. On écrasait une larme. Le désarroi s'emparait des cœurs. Tout reconstruire à partir de rien est une cruelle épreuve.

En grandissant, à mesure qu'elle s'éveillait à la vie, Liane Foly a souffert d'un manque de repères. Qui étaient ses grands-parents ? Comment était-ce, *là-bas ?* Que signifiait *être pied-noir ?* Elle avait besoin de réponses pour nourrir son esprit, mais aussi pour mieux comprendre ce qui se passait ici, en métropole. Ce qui était arrivé à sa famille, en somme. Les parents répondaient comme ils pouvaient. Mais ce qu'ils voulaient surtout, c'était que leur histoire ne soit pas un fardeau pour leurs enfants ; ils espéraient même qu'ils sauraient en faire une force.

Ce sera le cas. Très jeune, la fillette s'adonne à de multiples activités : danse, athlétisme, piano. Je n'en doute pas une minute : Liane était déjà habitée par une puissante volonté de réussir, de se battre pour fournir l'effort supplémentaire, celui qui décide de tout. « Dans l'athlétisme, sourit-elle, c'est indispensable. » Car elle a envisagé sérieusement de devenir une athlète de haut niveau.

Mais c'est la musique classique qui la fait chavirer. Les voix, en particulier. Elle a un talent d'imitatrice qui fait les délices de son entourage. Ses premières vocalises, elle les effectue devant les caméras de Maritie et Gilbert Carpentier – les créateurs et producteurs des premiers programmes de « variétés », comme on disait à l'époque, au milieu des années 1970. Les rendez-vous du samedi soir avec l'ORTF s'appelaient « Top à… » ou « Numéro 1 ». On y voyait défiler tout ce que la France comptait de chanteurs populaires : Johnny Hallyday, Claude François, Dalida, Mireille Mathieu, Michel Sardou, Joe Dassin et tant d'autres. Je n'ai aucune peine à imaginer la petite Liane Foly dansant en pyjama devant la télévision, imitant Sheila et Sylvie Vartan, faisant rire sa famille aux larmes tant ses prestations, déjà, étaient justes.

À douze ans, elle intègre un orchestre créé par ses parents : Black and White. Elle en est la chanteuse. Sa sœur est au piano et son frère, à la batterie. Leur premier concert sera donné à Perrache, le 14 juillet 1974, pour le bal des pompiers. Tels sont les grands débuts de Liane Foly ! L'aventure durera cinq ans : l'orchestre écume la région Rhône-Alpes de bals en mariages, sans oublier, l'été, ces fêtes votives que l'on appelle des *vogues* dans le sud de la France, de la Drôme au Périgord. J'ai pu vérifier, en passant par ces départements, combien la qualité de l'orchestre est essentielle à la réussite de la fête. Nous avons là affaire à des quasi-professionnels. Quoi qu'il en soit, rien de mieux pour se préparer à une carrière artistique !

C'est au cours de ces « années roulotte » que Liane Foly, âgée de treize ans, remporte un concours de chant. Elle sait dès lors quel sera son métier. Et elle entend y consacrer son énergie. Le public demande à être diverti – et c'est un grand talent que de savoir divertir.

Viendront les tournées dans les bars et les boîtes de nuit avec des groupes professionnels. Puis le baccalauréat approche. Elle s'en tire avec succès, sans avoir interrompu sa jeune carrière de chanteuse – quitte à en perdre la voix, comme cela lui arrive un soir. « Je m'en suis remise ! me dit-elle en riant. Je me relève toujours. C'est dans ma nature. » Devenu son ami, je puis en témoigner.

Comme est dans sa nature le désir de pousser des portes, d'être là où on ne l'attendait pas.

Un jour, elle répond à une annonce parue dans un magazine : « Groupe de jazz recherche chanteuse. » Le groupe en question a été fondé par un certain André Manoukian et son camarade, l'auteur Philippe Viennet.

Soudain, tout change. Liane Foly est lancée sur la voie du succès.

Marc Lavoine

Lui aussi s'est construit dans une enfance heureuse et difficile à la fois. Heureuse car vivifiée par l'engagement syndicaliste et communiste des siens ; difficile parce qu'ils avaient du mal à boucler les fins de mois.

Élevé au son de la « Lutte finale », il a grandi à Wissous, dans ce que l'on n'appelait pas encore la France périphérique. « Un pavillon HLM », me dit-il. C'étaient les années 1960 et la fameuse « ceinture rouge » : les municipalités communistes de la banlieue parisienne. Wissous n'en fait pas partie au sens strict, mais en Seine-et-Oise – la future Essonne –, beaucoup de villes sont aux mains du Parti communiste français.

Tout le monde a le sentiment de l'avoir connue, cette banlieue-là, tant elle habite nos imaginaires, et nous y pensons même avec une certaine nostalgie : c'est l'univers de Jacques Tati, les mobylettes à guidon bracelet, les bandes de « blousons noirs », la MJC où l'on apprenait à plaquer des accords de guitare. Autour des habitations, une vie paysanne subsistait : au loin, on apercevait des vaches, des tracteurs. « Orly était tout près, raconte Marc Lavoine. Les avions nous passaient au-dessus de la tête. »

Le pavillon est ouvert à l'amitié : chacun sait que la clé est cachée sous une planche à côté de l'entrée. Des réunions politiques s'y tiennent en continu. Les parents reçoivent les camarades de la CGT et du Parti, mais aussi d'anciens résistants, et tous ceux qui ont contribué à faire du PCF, après la guerre, le premier parti de France. Pour ces familles-là, le Parti, c'est la vie ; et la vie, c'est le Parti. S'il est un film qui illustre cette atmosphère, c'est *Tout le monde n'a pas eu la chance d'avoir des parents communistes,* de Jean-Jacques Zilbermann, avec Josiane Balasko et Maurice Bénichou.

Marc Lavoine est marqué par cet état d'esprit. Il en retient les valeurs humanistes et le sens du partage. Les adultes qui l'entouraient avaient peu d'argent, mais ils pratiquaient une solidarité active et quotidienne. « Bien sûr, dit-il, il y avait les crimes de Staline, la répression en Hongrie, la Tchécoslovaquie... Mais, n'empêche, c'étaient des gens sincères. Ils croyaient en leurs propres idées et aux actions concrètes, plus qu'à ces régimes autoritaires. Pour eux, changer le monde était possible. »

Pour avoir rencontré moi aussi des militants de cette époque, je sais combien leurs convictions étaient fortes. Je me souviens que leur combat était joyeux. C'est avec enthousiasme qu'ils affrontaient les horreurs du monde. Il me semble entendre dans le propos de Marc Lavoine un écho de ces mentalités qui ont coloré si fort les années 1960.

« Mon père tenait un stand à la Fête de l'Huma, dit-il. Le 1er Mai, il vendait le muguet militant. Je me rappelle les campagnes pour la présidentielle. Celle de 1974, notamment. J'avais douze ans. Je collais des affiches avec mon père, à Wissous. »

Pourtant, si tout est rouge à la maison, tout n'est pas rose. « Ma mère, en fait, était plus catho que coco. » Cette maman-là aurait préféré avoir une fille et elle le fait sentir à son garçon. Quant au père, s'il est souvent absent, ce n'est pas seulement pour cause de militantisme : c'est un coureur, doublé d'un mythomane. Tout finira par un divorce au milieu des années 1970.

Et en attendant, le pavillon résonne de nombreuses disputes. Le chanteur en garde un souvenir douloureux. Les enfants n'aiment pas voir pleurer leur mère et cette scène, hélas, se reproduit souvent. Alors, l'adolescent s'échappe dans ses rêves. Ses passions sont la musique et le cinéma. Il écrit aussi. Dès l'âge de seize ans, il songe à devenir acteur et décide de quitter le nid familial. Ce choix ne rencontre aucune opposition des parents, bien au contraire. Mais il devra se débrouiller seul. Donc, travailler. Devenir adulte, alors qu'à bien des égards il n'est encore qu'un enfant.

Marc Lavoine prend une chambre à Paris et entre à l'École des métiers d'art de la rue Madame, section imprimerie. Il fait aussi partie d'une troupe de théâtre amateur. Les petits boulots s'enchaînent. Un jour, il est engagé comme placeur à l'Olympia. « Quelle chance j'ai eue, dit-il, de pouvoir pénétrer le temple de la chanson française ! »

Il est pris en main par les Coquatrix, qui règnent sur la vie artistique de l'établissement. Mais Bruno Coquatrix disparaît et c'est sa fille, Patricia, qui offrira au jeune Marc Lavoine l'occasion de faire ses classes et son éducation musicale. Depuis les coulisses, il observe la vie du théâtre et le défilé des vedettes : Aznavour, Montand, Nina Hagen, Peter Gabriel, Barbara et tant d'autres.

Dans le quartier de l'Olympia, le divertissement est roi. Au Théâtre Édouard VII, à l'Athénée, se produisent les artistes que Marc rêve de rencontrer : Jacqueline Maillan, Philippe Caubère, Jean-Louis Trintignant. Serge Gainsbourg, qui compte au rang de ses idoles, remplit le Palace. Au Rose Bonbon, joue le groupe Taxi Girl.

Marc raconte : « C'est dans ce contexte que j'ai fait connaissance avec Pierre-Alain Simon, qui sera mon manager. Avec Fabrice Aboulker, aussi, qui me produira. Je compose avec lui depuis le début. »

Il n'a que dix-sept ans quand il apparaît dans la série télé « Pause Café », aux côtés de Véronique Jannot. Mais ce qui l'anime, c'est l'envie de chanter.

Il conclut notre entretien par ces mots : « Partir de la maison si jeune, c'était un coup de poker. Mais c'est le meilleur coup dont je me souvienne. Parce que c'était un coup sincère. »

Jean-Louis Murat

La sincérité : c'est aussi ce qui caractérise pleinement Jean-Louis Murat. Cet homme dit toujours ce qu'il pense, sans s'inquiéter de se faire des ennemis. Les convenances, il s'en fiche. Mieux, de ce détachement il a fait un art de vivre, loin de la ville et des cours parisiennes.

Il est vrai qu'il possède un pays de cocagne et un eldorado : son Auvergne natale. C'est de là, les pieds dans la terre, qu'il observe le monde. Mais ce pays est aussi celui de son histoire. C'est la terre de sa famille. Une famille avec laquelle il n'a aucune intention de rompre. « J'ai le sentiment très fort, me dit-il, d'appartenir à cet âge premier : l'âge de la terre, de la nature, du paysan. Le paysan, c'est l'artisan du sol. Moi, je suis un artisan de la musique. »

Il a passé le plus clair de son enfance dans la ferme isolée de ses grands-parents à Murat-le-Quaire, dans le département du Puy-de-Dôme. Ses parents, eux, voulaient couper les liens qui les rattachaient au monde rural. Le père était charpentier – musicien à ses heures – et la mère, couturière. Ils redoutaient que leur fils ne devienne paysan ! Au point qu'ils obligeaient les grands-parents à lui parler français et non patois, comme c'était l'usage dans ces contrées. Bien des années plus tard, Jean-Louis Bergheaud, devenu le chanteur Jean-Louis Murat, fera tout pour renouer ce fil en retournant au village, après plusieurs années d'errances citadines.

Son rendez-vous avec la musique passe d'abord par la grand-mère, qu'il adore et qui chante toute la journée, à la ferme comme au pré et par tous les temps. Il fera ensuite ses premiers pas de musicien en jouant du tambour et du cornet à piston aux côtés de son père, membre d'une harmonie municipale. Plus tard, il étudie le saxophone au conservatoire. « À cette époque, me dit-il, ce qui me fascinait, c'était moins la musique que la mise en scène. Bien sûr, j'aimais les mélodies. Mais les costumes, les lampions, les défilés, les majorettes, tout le décor… Ça me transportait ! »

Les offices religieux, d'ailleurs, lui font le même effet. « Je passais pas mal de temps dans les églises. Pas tellement pour la messe en tant que telle : pour le décorum, plutôt. »

Ce chanteur aujourd'hui connu pour ses coups de gueule et sa farouche indépendance d'esprit était déjà réfractaire aux phénomènes de mode. « Les groupes célèbres de l'époque m'étaient complètement étrangers, m'a-t-il confié. Les Beatles, les Stones, les Who, les Doors, ça ne m'intéressait pas. Même Jimi Hendrix Experience, ça ne m'intéressait pas. »

Contrairement à nombre d'artistes évoqués dans ces pages, Murat ne subit pas l'influence des chanteurs qui occupent le devant de la scène médiatique. Il préfère la lecture. Ses fréquentations sont des écrivains : Vladimir Nabokov, ou encore Oscar Wilde.

Le vrai déclic musical se produira plus tard, au lycée, quand un professeur d'anglais peu académique lui fera écouter du blues – Memphis Slim, T-Bone Walker, John Lee Hooker, ainsi que Ray Charles. Jean-Louis ira même écouter en concert certains de ces musiciens. Mais il est encore loin d'imaginer devenir musicien lui-même. Pour l'heure, ce qu'il veut, c'est poursuivre ses études – contre l'avis de son père, curieusement.

Mais durant ces années lycéennes, il est pour ainsi dire rattrapé par la musique. Leonard Cohen, Neil Young et bien sûr Bob Dylan exerceront sur lui une influence majeure. Ceux qui connaissent l'œuvre de Jean-Louis Murat ne seront pas surpris de voir figurer ces artistes au panthéon de son univers musical. Il apprécie leurs textes, bien sûr, mais aussi le son hybride qu'ils inventent en empruntant au folk et au blues.

« C'est aussi à cette époque que mes parents ont divorcé, me dit-il. Je n'en ai pas souffert plus que ça. C'est un élément constitutif de plus. Et il est important d'aimer tout ce qui nous a faits. »

J'aime cette complexité des sentiments chez Jean-Louis Murat. Ermite se produisant sur scène, rustre raffiné, paysan de haute culture, il est toujours en recherche. S'il est devenu musicien, ce n'était pas pour pousser un cri de révolte ! Il s'agissait juste de « faire quelque chose d'intéressant ». De mener sa vie d'homme, en quelque sorte. D'être à part. D'être sincère, honnête avec lui-même.

C'est ainsi qu'il a passé près de dix années à courir la France et l'Europe. Était-ce pour mieux se trouver ? Il a eu besoin de cette transition, tel un personnage de Kerouac.

Daniel Guichard

Daniel Guichard a de qui tenir. Breton par son père, russe, polonais et ukrainien par sa mère, parigot de naissance, c'est un caractère bien trempé que j'ai reçu dans « La Traversé du miroir ». Une tête dure de Breton, une « tête de guiche », comme il le dit lui-même.

Lui aussi aime à se tenir loin des modes et des mondanités. Cet homme ne ménage ni ses engagements ni ses excès. Il compte parmi les figures marquantes de la chanson française : tous, nous avons en tête son titre le plus célèbre, « Mon vieux ». Ce que l'on ignore généralement, c'est que ce morceau était écrit depuis plus de dix ans quand le chanteur l'a interprété. On en doit la composition à Michelle Senlis et Jean Ferrat. Les deux artistes l'avaient créé au début des années 1960, comme un hommage à leurs pères respectifs. Mais la chanson était sortie en pleine période yé-yé et n'avait pu trouver son public.

Elle le trouvera en 1974 grâce à Daniel Guichard. À cette date-là, elle aurait pu passer pour une chanson réactionnaire, tant les valeurs familiales avaient été mises à mal par Mai 68. Du reste, certains n'ont pas manqué de l'affubler de cette étiquette passe-partout. Mais l'interprète en avait remanié les paroles pour en faire une évocation universelle du père – des difficultés de communication entre père et fils, aussi. « Mon vieux », en fin de compte, est surtout une histoire de pudeur, de regrets, d'amour et de mort, dans laquelle Daniel Guichard se raconte lui-même.

De son enfance, on sait peu de choses et il ne m'en révélera pas beaucoup plus. « J'ai grandi dans le quartier des Halles, me dit-il. C'était encore le ventre de Paris ! Un marché gigantesque qui existait depuis le XIIe siècle. » Ceux qui ont connu le cœur de Paris avant les années 1970, le déménagement du marché à La Villette et à Rungis, la destruction des pavillons Baltard et la création du Forum, savent que c'était un carrefour extraordinaire où se croisaient les commerçants, les « forts des Halles », les malfrats, les artistes et les intellectuels. Les bandes rivales s'y donnaient rendez-vous. Les bistrots y restaient ouverts toute la nuit. On venait des quatre coins de la ville et de la banlieue pour s'y encanailler. On y parlait même des argots spécifiques comme le louchebem, l'idiome des bouchers.

C'est en grandissant dans ce bouillon de culture que Daniel Guichard s'est forgé une âme d'authentique Parigot. « Mes parents me laissaient libre. Je faisais ce que je voulais. Ils avaient l'œil, bien sûr. Mais j'avais le droit de voler de mes propres ailes. »

Quel terrain de jeu ! Le jeune Daniel trouve à s'employer aux Halles dès l'âge de dix ans. D'abord pendant les vacances, puis plus régulièrement. Il gagne de l'argent en faisant l'école buissonnière. Quand il évoque cette période de sa vie, il ne donne pas le sentiment d'avoir été un « enfant exploité ». C'est même le contraire. Il travaille aux fleurs, aux fromages, aux fruits et légumes. Il *bricole*, comme on dit en langage parigot. Autrement dit, il décharge les camions, dresse les étals, effectue des livraisons. « Rien de brutal, dit-il. C'était juste histoire de se faire de la thune. » Une enfance joyeuse et stimulante, en somme. Une enfance pleine de liberté.

« Quand mon père est mort, sur le moment, je n'ai pas réalisé. J'étais triste, mais je n'avais pas vraiment conscience du drame qui était en train de se nouer. C'est venu plus tard… » Daniel a quinze ans. Il se retrouve soutien de famille. Je sens, en l'écoutant, qu'il a probablement été tenté, à ce moment-là, de faire une « sortie de route ». Le quartier était un milieu interlope où l'argent – beaucoup d'argent – circulait vite, où un adolescent pouvait se laisser griser par des sollicitations pas toujours honnêtes – ni même toujours légales.

Heureusement, Daniel a d'autres envies, d'autres passions. Dont la chanson. La musique fait partie de son univers. Elle est présente dans sa famille et partout autour de lui. Il a une belle voix, il connaît quelques accords de guitare. Tout en continuant de décharger les camions, il commence à se produire dans les cabarets de Saint-Germain-des-Prés et de Montmartre. Son accent parigot y fait merveille. Son répertoire ? Aristide Bruant, le grand poète, le génie de l'argot, le chansonnier de Montmartre, le père de la chanson dite réaliste, que Toulouse-Lautrec aimait à croquer et que Jean-Marie Bigard a incarné dans *Lautrec*, le film de Roger Planchon.

Mais Daniel Guichard chante aussi Piaf et d'autres encore. Peu à peu, il se taille une réputation. Il connaît même quelque succès. La maison de disques Barclay l'ayant embauché comme magasinier, il nourrit l'espoir d'y placer ses premières compositions. Il signera son premier contrat d'interprète à dix-huit ans et continue de tourner dans les cabarets, où il propose des morceaux de son cru. Mais il n'arrive pas à décoller.

Ses disques ne se vendent pas. Il s'interroge bientôt sur son avenir.

Puis il sort « La Tendresse », une chanson composée en 1970. Les ventes sont enfin au rendez-vous. Mais c'est bien « Mon vieux » qui lui offrira l'occasion d'exprimer pleinement son talent ; cette chanson a parlé au public parce qu'elle dépeignait la génération précédente – une génération marquée par la retenue, la pudeur et la gêne, peu apte à communiquer des émotions simples.

Michel Jonasz

Quand j'ai reçu Michel Jonasz dans l'émission, il jouait *Abraham* à la Gaîté-Montparnasse, le spectacle écrit et mis en scène par lui, inspiré par la vie de son grand-père.

Abraham Weisberg, natif de Pologne, avait émigré en Hongrie et exercé à Budapest la profession de cordonnier. Il était aussi *kantor* – *hazzan*, en hébreu – à la synagogue. Michel raconte que l'on venait de loin pour l'entendre chanter et que cet homme, d'ailleurs, chantait tout le temps. Il avait transmis cette passion à ses enfants, dont Charlotte, la mère de Michel. « Une grande figure, dit-il, non sans un éclat de tristesse dans le regard. Une figure morale. »

Le *kantor* a fini dans les camps, assassiné par les nazis. Ce que Michel savait depuis son jeune âge car le dimanche, lors des déjeuners chez les grands-parents paternels, il était souvent question de la déportation et de la Shoah. C'était une famille où l'on n'occultait rien, où l'on ne cachait pas la vérité aux enfants. « J'ai l'impression, me dit-il, d'avoir toujours su ce qui nous était arrivé. Je savais ce qu'il était advenu de chaque membre de notre famille. »

La mère de Michel se demandait pourquoi elle seule avait survécu. Hitler avait tué tous les siens, sauf elle. Pour quelle raison ? Son fils lui dit un jour : « Tu me parles tout le temps de ça ! » Réponse : « C'est pour ne pas oublier. »

Le grand-père Abraham avait laissé le souvenir d'un homme doté d'une propension à la joie. Ce tempérament optimiste a marqué Michel. « D'ailleurs, ma mère aussi a hérité de ce caractère. Bien qu'elle ait vu toute sa famille partir en fumée, elle a toujours cultivé le plaisir de vivre. Comme une enfant… »

Lui-même se plaît à cultiver l'enfant en lui. Pour rien au monde il ne voudrait renoncer à la curiosité, à l'enthousiasme, au besoin de découvrir.

Il a grandi en Seine-Saint-Denis, à Drancy puis au Blanc-Mesnil. C'était les années 1950, des années glorieuses, des années de reconstruction, les années d'après la guerre et les souffrances. Michel ne cessait de se répéter qu'il aurait une vie magnifique, pleine de « beautés ». À l'entendre parler de lui, je sens que c'est un point sur lequel il n'a pas changé. Il n'a jamais voulu devenir un adulte – et, à bien des égards, il ne le veut toujours pas.

Ses premières émotions musicales lui sont transmises par son père, lui-même d'origine hongroise : il joue du violon tzigane à la maison. « Les gens étaient en transe, raconte Michel. Les larmes leur ruisselaient sur les joues. » Ce violon, qui chantait le déracinement et la nostalgie d'un monde disparu, déclenchait de puissantes émotions.

Son père lui fait aussi connaître la chanson française : Brel, Piaf, Ferré. Il l'initie au rock'n'roll, et surtout à la musique noire américaine. Sam & Dave, James Brown, Otis Redding et Ray Charles deviennent les idoles de l'adolescent. Le choc, dans la vie de Michel Jonasz, c'est le morceau célébrissime de Ray : « What'd I Say ». C'est pour essayer de le jouer qu'il pose les mains sur un piano pour la première fois. « Ce jour-là, me dit-il, je suis devenu un musicien. »

À quinze ans, il sait déjà ce qu'il veut et surtout ce dont il ne veut pas. Un matin, porte de Vanves, il sèche un cours de mathématiques et quitte le lycée pour n'y plus remettre les pieds. Il prendra des cours de comédie, montera sur les planches et remportera un concours de chant. Sélectionné pour participer à la finale, il ne s'y rend pas.

Un temps, il s'essaie à la peinture. Mais la musique exerce sur lui une attraction plus forte que tout. Il tombe dans un journal sur une petite annonce : « Groupe rock cherche pianiste. » Est-il pianiste ? Pas vraiment… Pourtant, on l'engage. Il a dix-huit ans. Sa carrière peut commencer.

Michel mettra du temps à imposer le style qui est le sien et qui dégage une originalité absolue. Mais il ne doutera jamais de son talent, puisant sa force dans le proverbe qui toute sa vie lui servira de talisman : « Le Tzigane se réjouit en pleurant. »

LES SUBVERSIFS

Tendre vers l'achevé, c'est revenir à son point de départ.

Colette

Quand Sophie voyait quelque chose qui lui faisait envie, elle le demandait. Si sa maman le lui refusait, elle redemandait et redemandait jusqu'à ce que sa maman, ennuyée, la renvoyât dans sa chambre. Alors, au lieu de n'y plus penser, elle y pensait toujours et répétait : « Comment faire pour avoir ce que je veux ? J'en ai si envie ! Il faut que je tâche de l'avoir ! »

Comtesse de Ségur

Les fils ressemblent toujours plus à leur temps qu'à leurs pères.

Delphine Horvilleur

Je n'ai jamais craint de me brûler les ailes et l'on m'en a parfois fait le reproche. Mais je ne puis concevoir la vie entourée d'interdits de principe – ils me font aussitôt penser à un champ entouré de barbelés. J'aime converser librement avec ceux qui ne sont pas de mon avis. Chercher à comprendre l'autre. Ma vocation de journaliste est née de là, du reste. Et si l'autre est le diable ? me demande-t-on. Le diable peut quelquefois se révéler fréquentable.

Rassurez-vous : point de diables dans ce chapitre. Seulement des personnalités qui dérangent, irritent et font grincer les dents. Mais nous font rire, aussi. Et possèdent un talent fascinant.

J'appelle subversifs ceux qui assument ce qu'ils sont et ce qu'ils font. Ceux qui tracent leur route étroite sans craindre de faire entendre un son discordant, sans souci des convenances, encore moins du qu'en-dira-t-on médiatique et bien-pensant.

Certains sont les enfants de Jean Yanne, de Coluche, de Thierry Le Luron ou de Pierre Desproges. Des amuseurs, diront certains. Des comiques ! Des bouffons ! Je dirais plutôt des experts ès parodie, des génies de la caricature, des boxeurs de la satire. Oui, ils peuvent se montrer méchants ! Mais ils frappent souvent dans le mille. Contre vents et marées, ils se jouent des tabous et des modes. On ne les remerciera jamais assez de nous faire rire des autres et de nous-mêmes. De nous faire rire de tout, aussi, comme leur devoir l'impose.

D'autres ont choisi un autre métier que la scène : la justice, les arts plastiques, la mode… Quoi qu'il en soit, ils ont tous une caractéristique en partage : ce sont des êtres doubles, toujours insaisissables ; des hommes et des femmes qui cultivent l'ambiguïté au point d'en faire un art – art de l'esquive, art du silence, art du secret dans un monde volontiers manichéiste.

Ils peuvent parfois effrayer mais l'effroi n'est pas leur vrai costume. Leur vrai costume, c'est la complexité. Cet état changeant de leur âme qui est pour moi une invitation à les mieux connaître.

Laurent Gerra

On a peine à le croire, mais Laurent Gerra fut d'abord un enfant d'une timidité quasi maladive. Or le paradoxe n'est pas loin car il n'a que cinq ans lorsqu'il monte sur scène pour la première fois !

Son grand-père, un homme dont il était très proche, présidait la fanfare de Mézériat, dans l'Ain. Un jour de concert dans la salle des fêtes, ayant pris le petit Laurent dans ses bras, il l'emmène sur la scène pour qu'il chante devant le public. Il faut dire que l'enfant s'est déjà manifesté par un don d'imitation. « Je me suis senti à mon aise sur cette scène, me dit l'artiste. D'autant que mon grand-père m'abritait de son regard bienveillant. »

Le grand-père : un homme qui revient sans cesse dans notre discussion. Prisonnier pendant la Seconde Guerre mondiale, il s'était évadé, avait rejoint la Résistance et les maquis de l'Ain. « Il me racontait sa guerre, dit Laurent. Il m'écoutait, aussi. » Cet aïeul fut pour lui un ami, un complice, un confident. C'est avec lui qu'il échange en rentrant de l'école. Avec lui qu'il parcourt les montagnes de la Bresse savoyarde, décor majestueux où l'on va cueillir des mûres et des morilles.

« Il me montrait le Bugey profond où il s'était battu dans les maquis, pour la liberté. Chemin faisant, il m'apprenait le respect de la nature. Et des valeurs : l'honnêteté, le partage, le sens de l'amitié. Il me conseillait d'avoir du recul. Il m'a même initié à l'humour… » Et offert à l'enfant son premier tourne-disque. En sus, il lui apprend quelques chansons paillardes, enseignement dont l'écho s'entend encore dans les sketchs de l'humoriste…

Laurent a dix ans quand cette haute figure disparaît. Un souvenir qu'il évoque avec une forte émotion. « C'est lui, dit-il, qui le premier m'a tendu un micro. Comment oublier ça ? » L'aïeul, sans doute, avait repéré le talent du petit-fils.

Son génie de l'imitation est pour ainsi dire un talent inné. Laurent Gerra chantait devant la télévision ou sur les disques de ses parents. Non seulement il connaissait les paroles des morceaux, mais il chantait avec la voix de Joe Dassin, de Michel Polnareff, de Michel Sardou, de Jacques Dutronc… « Mes parents avaient vraiment l'impression qu'une vocation était en train de naître… » Le petit prodige a déjà un tel souci du détail qu'il va jusqu'à mimer les tics de ses chanteurs préférés !

Autre surprise : il a la passion des débats politiques. Les campagnes électorales font son bonheur. « Je voyais ça comme un ring, me dit-il. Chacun y allait de ses bons mots. Les visages étaient marqués par des expressions singulières et des tics qui étaient pour moi un vrai régal. »

L'« acteur » politique préféré du jeune Laurent s'appelle Georges Marchais. Lequel, alors à la tête du Parti communiste français, compte parmi les personnalités incontournables de l'époque. Il était passé maître dans l'art de *faire le show* sur les plateaux, et il est vrai que le public l'écoutait autant pour son « numéro » que pour les idées qu'il défendait. « Marchais, je l'imitais tout le temps. Même au collège. Même devant le principal !

Il était lui-même communiste. Je le faisais mourir de rire. »

Laurent se mettra bientôt à imiter aussi les acteurs, en particulier Jean-Paul Belmondo, dont les posters tapissent les murs de sa chambre.

Laurent Gerra, me semble-t-il, n'est pas toujours compris. On croit qu'il « se moque » des comédiens, des hommes politiques, des femmes aussi… Et c'est vrai : il se moque d'eux. Mais ça ne l'empêche nullement de les aimer ! Certes, il pratique la caricature, et une caricature parfois cruelle ; mais il faut être aveugle pour ne pas voir qu'il le fait sur un fond de tendresse. Les hommes et les femmes politiques, ainsi que les chanteurs, sont pour lui des cibles, mais il les respecte profondément.

Une enfance heureuse, des parents aimants : tel est le sort du petit Laurent. Et je suis frappé, au fil de notre conversation, de voir combien ce sort habite encore mon interlocuteur. Laurent Gerra est un artiste populaire, issu d'un milieu populaire qui vibre toujours en lui. Son esprit est habité par cette culture du « chansonnier » – le mot a presque disparu aujourd'hui – qui s'enracine dans la vie des gens et a produit chez nous un si grand nombre de ce qu'il qualifie lui-même de « rebelles bien élevés ».

Jean-Marie Bigard

Truculent, paillard, trivial, grivois : Jean-Marie Bigard l'est assurément. Mais il sait aussi se montrer touchant. Et c'est un homme qui ne manque pas d'esprit.

Qui est vraiment cet humoriste ? Difficile à dire ! Si beaucoup voient en lui un bateleur vulgaire et grossier, il en est aussi – tel Roger Planchon – pour vanter l'acteur de talent. Claude Lelouch a plus d'une fois affirmé qu'il voyait en lui un « héritier de Coluche ».

L'époque, il est vrai, manque de raffinement. Le paysage culturel a tellement changé ! Un professeur Choron pourrait-il publier ses textes aujourd'hui ? Reiser, ses dessins corrosifs ? Pourrait-il encore exister une feuille comme *Hara-Kiri*, ce journal qui osait se qualifier lui-même de « bête et méchant » ? Coluche, justement : que penserait-on de lui à présent ? Aurait-il seulement droit de cité sur la scène des théâtres, sur les plateaux de nos innombrables télés ?

Si Coluche jouait un personnage – celui qu'il s'était créé –, Bigard donne toujours le sentiment d'être lui-même. C'est étrange, en un sens. Mais est-ce la vérité ? Peut-être ne joue-t-il depuis le début qu'un seul et même rôle : une synthèse de tout ce qu'il lui a été donné de vivre et d'observer durant sa jeunesse. Car cette gauloiserie, cet amour de la gaudriole qui charme le public et heurte les bien-pensants, caractérisait déjà son père et son grand-père. Ajoutez-y une dose de bon sens rural et une pincée d'absurde, vous aurez votre portrait de l'artiste.

«Je suis originaire de Charmont-sous-Barbuise, me dit-il. C'est dans l'Aube, près de Troyes. Mon père était charcutier. Ma mère était ouvrière. Mes grands-parents, c'étaient des fermiers.» Je n'en apprendrai pas plus. Ceci pourtant: le père avait un tempérament extraordinairement sensible et colérique. «Comme moi», dit Jean-Marie sur le ton du constat.

Ces parents-là lui ont transmis une morale: respect d'autrui et confiance en soi. En toute circonstance! Première leçon. La deuxième, c'est que le jeune Bigard a compris qu'il existe deux façons seulement d'être aimé: être le premier de la classe ou faire rire. Or les résultats scolaires ne sont pas au rendez-vous… Reste le rire. Ce rire qui vous attire les faveurs des camarades, surtout des filles.

«J'avais beau suivre une scolarité chaotique, poursuit-il, mes parents ont cru en moi.» Espérant le voir rentrer dans le rang, ils mettent l'enfant en pension dans un collège privé. Peine perdue. Le garçon est rétif à toute autorité. Il n'y a guère que le sport, en l'occurrence le handball, qui semble lui fournir un moyen de s'exprimer et de canaliser ses énergies. Il intègre l'équipe junior régionale. Remporte des médailles. Mais ce qu'il continue de préférer, c'est l'humour des vestiaires. Le terrain et les exploits sportifs, ça passe après…

Nouvelle orientation scolaire: le lycée technique. Il y développe de réelles aptitudes. Il obtient le diplôme. Mais ce sera pour aller voir ailleurs. Car sa jeunesse reste marquée par une constante: fuir et rejeter tout ce qui enferme. Il devine que son destin n'est pas dans une vie ordinaire de travail et de confort. Il ne veut pas revivre l'existence de ses parents. D'ailleurs, peut-être ne veut-il même pas grandir, sortir de l'enfance, renoncer au jeu…

Il sera tour à tour pompiste, vendeur de voitures anciennes, barman. Bigard se cherche.

Entre-temps, sa mère est emportée par un cancer. Deux ans plus tard, son père meurt assassiné chez lui, à coups de couteau, par un rival jaloux. Bigard traverse ces horreurs en écrivant de courts textes humoristiques qui commencent à produire quelques applaudissements.

Le succès frappe à la porte plusieurs années après, à la trentaine. Il se produit alors au Point-Virgule, une petite salle du Marais. Quant à Troyes, il n'y remettra plus les pieds. À quoi bon revoir les lieux où il a grandi, alors que ses parents ne sont plus là ?

Leur disparition a peut-être sonné le glas d'une enfance qui, sans doute, avait trop duré.

On lui a demandé de se calmer. Puis on a demandé à quelqu'un de le virer. Et le scénario s'est répété plusieurs fois. Ne faut-il pas voir là le résumé d'une histoire qui est celle d'un *sale gosse* ?

De toute façon, c'est ainsi que se définit lui-même ce fils de bourgeois né à Neuilly-sur-Seine. Dès l'adolescence, il refuse l'autorité. Qu'elle soit scolaire ou parentale, elle l'horripile. « Pourtant, dit-il, j'étais parti pour être un enfant calme. J'étais souvent dans les jupes de ma mère. »

Elle vend de l'art. Le père est gestionnaire de patrimoine. De quoi grandir dans une atmosphère protégée, voire paisible, en tout cas confortable. Une photo le montre d'ailleurs en fils modèle et cravaté, posant sur la terrasse de ses grands-parents. Il ne manque pas de la commenter pour moi en termes persifleurs : « J'ai l'air d'être le fils de Nicolas Sarkozy. »

Cet air, il ne le gardera pas longtemps… Subitement, le beau gosse va se muer en sale gosse – issu des beaux quartiers, qui plus est. Dès la sixième, il s'est fait renvoyer du collège Notre-Dame de Sainte-Croix. Il préférait les pitreries aux mathématiques. La paresse à l'autorité. Déjà, son insolence lui valait de faire rire ses camarades. Rire et faire rire : voilà ce qu'il préfère. Et préférera…

Car Stéphane revendique très tôt une inadaptation au système scolaire qui ne fera d'ailleurs que se confirmer avec les années. Il redoublera quatre fois sa seconde dans quatre lycées différents. « Comme Sacha Guitry, dit-il. Et le maître ne se laisse pas égaler facilement ! »

Les parents sont au désespoir, mais l'acteur pointe déjà sous la mauvaise conduite et l'espièglerie : une vocation est en train de se faire jour. Après le renvoi du quatrième établissement, on inscrit le jeune homme dans un cours privé près de la gare Saint-Lazare. Ça tombe bien : à quelques mètres de là, se trouve un conservatoire de théâtre. C'est celui de Jean-Laurent Cochet. Y sont passés Gérard Depardieu, Isabelle Huppert, Richard Berry et Carole Bouquet. Stéphane en franchit la porte à son tour.

Mais à dix-sept ans, il n'est pas rare que l'on se sente mal dans sa peau. Le futur humoriste n'échappe pas à la règle. Heureusement, Jean-Laurent Cochet l'aide à se trouver, à se révéler. Il s'emploie à faire comprendre à l'apprenti comédien qu'il est tout sauf un « jeune premier ». Or c'est dans cet emploi que l'adolescent se rêvait. La chute est brutale. Elle était probablement nécessaire. « J'étais moins un jeune premier qu'un valet de comédie, reconnaît aujourd'hui Stéphane Guillon. J'étais plutôt la mouche du coche. Le bouffon, quoi. »

Le succès prendra son temps avant de lui donner rendez-vous. Mais il finira par venir. L'enjeu, pour Stéphane Guillon, n'était pas de savoir s'il avait ou non du talent. Le talent était là, c'était une évidence. L'enjeu était d'en trouver la juste expression. Et la juste expression de ce talent existait. C'était tout simplement l'insolent, le gamin drôle et méchant, le satiriste. Il a suffi à l'artiste de puiser dans l'identité qui était la sienne, enfant.

Puis d'inscrire ses trouvailles dans la tradition de l'humour politique. Et de marcher enfin sur les traces des Bedos ou des Desproges.

Jacques Vergès

Cet homme hors norme disait ignorer le lieu exact de sa naissance. Était-ce la Thaïlande ? le Laos ? En quelle année ? 1924 ? 1925 ? Son frère, Paul, était-il réellement son jumeau ? Ces questions attiraient sur son visage un invariable sourire. En revanche, il savait parfaitement où il se trouvait, et avec qui, de 1970 à 1978, durant ces années qualifiées d'« éclipse » par ses biographes. Il le savait et il ne le disait pas ; il se délectait même à l'idée d'entretenir ce secret.

On le sait, il faisait partie de ces avocats qui choisissent de se spécialiser dans les dossiers *indéfendables*. Les noms qui figurent à son palmarès font frémir le public : le nazi Klaus Barbie, le terroriste Carlos, le Milošević... Il aurait défendu les intérêts de Saddam Hussein s'il n'avait dû y renoncer suite à l'opposition d'un proche de l'accusé.

Ce que l'on sait moins, c'est que Jacques Vergès a pris aussi le parti des faibles et des éclopés de la vie. En Algérie, notamment, pays qui lui était « chair », comme il disait. C'était pendant cette sale guerre qui a laissé tant de blessures de part et d'autre de la Méditerranée.

En le recevant, je fus agréablement surpris de constater que la conversation ne se déroulerait pas au conditionnel. Voilà qui relevait de l'exploit, avec un homme volontiers fermé sur les mystères de son existence. J'ai vu tout de suite qu'il était prêt à évoquer son enfance à La Réunion.

«J'étais là-bas sur les bancs de l'école avec un homme politique célèbre, me dit-il, un futur ministre de Giscard : Raymond Barre. » Intéressant, mais j'avais envie de précisions sur son état civil. « Ma mère était vietnamienne, a-t-il répondu simplement. Elle était institutrice. » Elle lui avait laissé peu de souvenirs, semblait-il, hormis deux ou trois photos en noir et blanc qu'il m'a montrées, sur lesquelles ils apparaissent ensemble. Il a l'air d'un vrai petit bouddha. Il avait seize ans quand il l'a perdue. Son père était appelé en Indochine par son travail. Le jeune Jacques et son frère Paul furent confiés à une tante.

Le père, ingénieur agronome, diplômé de médecine et professeur de commerce, avait fait la guerre de 14-18. Il fut un temps consul de France en Thaïlande, alors royaume de Siam. C'était un homme aux mille vies qui avait connu, entre autres, la France et la Chine. Ayant obtenu un poste de médecin à La Réunion, il entre au Parti communiste et rejoint également le combat syndical de la CGT. Cet engagement marque son fils, Jacques, alors âgé de sept ou huit ans. Le garçon défile aux côtés de son père lors des manifestations du Front populaire. «Je manifestais comme un enfant peut manifester», me dit-il. Mais je devine qu'un éveil politique s'est produit à ce moment-là.

Autre élément important dans le développement de sa personnalité : le fait d'être métis. Ce n'était pas chose courante dans l'île. Cette singularité l'oblige à se distinguer ; c'est sans doute pour être à la hauteur de cette différence qu'il devient un brillant élève. Il n'est pas peu fier de me rappeler qu'il a obtenu un premier prix en français et en philosophie. Seule ombre au tableau : c'est Raymond Barre qui remporte le prix d'excellence…

Quoi qu'il en soit, c'est dans ce contexte, et sur la base de cette particularité, que se sont construites sa conscience, son esthétique et sa morale politique. Son père lui rappelait souvent qu'il avait des origines mêlées : créole, catalane, bretonne. Il insistait surtout sur le fait que sa mère était vietnamienne. Autrement dit, qu'il était l'enfant d'un colon et d'une colonisée.

Le colonialisme : la grande affaire. Le jeune Jacques Vergès a observé à Madagascar le comportement des colons français à l'égard des indigènes, et ce scandale l'a marqué à jamais. Ce spectacle était comme le miroir de l'esclavage subi par sa mère avant de rencontrer son futur mari français.

Jacques Vergès gardait en mémoire un souvenir précis de Madagascar. « Un couple d'Européens obèses », transporté sur un de ces pousse-pousse appelés rickshaws, que tirait un Malgache en sueur. L'homme et la femme le frappaient pour qu'il s'arrête ou qu'il reparte. Ils auraient fort bien pu lui parler ; ils préféraient le battre. « J'ai su à cet instant, me dit-il avec force, quel serait mon combat : la lutte contre l'injustice. »

La culture politique héritée de son père l'aide à mettre des mots sur cette ambition. Il sait qu'il prendra, comme il dit, « le parti des faibles ». Or prendre le parti des faibles, selon lui, c'est s'attaquer au colonialisme.

Ayant obtenu son baccalauréat à seize ans, il fait une année de droit, puis s'engage dans la Résistance. Il a dix-huit ans quand on le retrouve à Londres auprès des Forces françaises libres et du général de Gaulle. La guerre l'emmène en Italie et en France. Il la termine avec plusieurs décorations.

Après la Libération, sa cause est définitivement choisie. Il veut que cessent l'assujettissement des peuples et les formes modernes d'esclavagisme. Il veut l'indépendance de l'Algérie. Il veut que se développent les libertés individuelles et collectives. C'est en tout cas ce que nous savons de lui. Car son destin s'entoure aussi de zones d'ombre qui ouvrent la voie à mille hypothèses et supputations tournant autour du FLN, de Pol Pot et des Khmers rouges, de Mao, des Palestiniens.

Réfléchissant à ce destin, je crois nécessaire de faire le départ entre l'homme engagé et l'avocat. Quelle est la réalité des amitiés qu'il a entretenues toute sa vie ? Nous ne le saurons jamais. Mais sa grande idée était que personne n'est indéfendable. « C'est la tradition historique du barreau de Paris, me dit-il avec insistance : défendre tout le monde. Mais il y a autre chose. Je suis un peu comme Simenon, l'auteur des *Maigret*. Ce n'est pas le crime qui m'intrigue, c'est ce qu'il y a dans la tête du criminel. »

Il avait cette obsession : saisir la complexité humaine. C'est pourquoi il n'aurait pas hésité, le dossier lui fût-il arrivé entre les mains, à se charger de défendre un Hitler. Puisque c'était un homme.

François-Marie Banier

On a longtemps vu en lui le photographe des stars et des pauvres. Il a défrayé la chronique sans paraître en avoir cure. C'est un homme d'images, de dessins, de livres. On trouve dans sa personnalité et son travail beaucoup de grâce, de nostalgie et de mystère.

Au début de l'« affaire Bettencourt », il semblait plutôt confiant. Il avait l'air d'accorder peu d'importance à l'épisode. Selon lui, le procès était « monté de toutes pièces ». Puis la justice est passée et la condamnation est tombée.

Difficile de projeter quelque lumière sur cet homme ! Il ne se livre pas facilement. Nous avons abordé son enfance, certes, mais seulement par petites touches impressionnistes, au gré de ce qui était un peu une conversation à bâtons rompus.

Du côté paternel, on trouve la Hongrie, l'émigration des années 1920. Banier ne s'en cache pas : il est fier de cette ascendance et de ses origines ouvrières. Car le père, Étienne Banyaï, est au départ de très modeste condition. Origines que François-Marie n'a pas connues – et qui comptent tellement. En effet, son père étant devenu publicitaire, la famille est établie bourgeoisement avenue Victor-Hugo, dans le XVIe arrondissement, et ouvre sa porte à la bonne société. Quand François-Marie Banier me parle de ses parents, je perçois une incompréhension mêlée de gêne face à ce qu'ils sont devenus en accédant à un rang social éloigné de leur condition première.

Quand on se penche sur sa biographie, ce qui saute aux yeux, c'est le goût du romanesque. Il a fréquenté des personnalités comme Marie-Laure de Noailles, qui fut mécène de Jean Cocteau, de Satie, de Chagall et des surréalistes. Il a connu Madeleine Castaing, autre mécène qui, elle, protégeait le peintre Soutine. Plus tard, sa relation avec la richissime Liliane Bettencourt fera les titres des journaux. Si l'on voulait s'inspirer de sa vie pour écrire un synopsis, on parlerait d'un fils d'ouvrier avide de conquérir un beau monde objet de son mépris, de faire fortune et de se venger de ses parents. Un Rastignac, donc. Mais on pourrait le voir aussi en Rubempré moderne, pressé d'atteindre à la richesse, à la célébrité, au succès artistique.

Ce que cette histoire ne raconte pas, c'est le talent du jeune homme. Il cultive la beauté et l'insolence, mais il a une plume et sait tenir un pinceau comme un appareil photo. À quinze ans, il envoie des textes à Paul Morand, qui lui répond en louant ses dons. À Salvador Dalí, il envoie ses dessins : le maître l'invitera chez lui. Suivront d'autres célébrités : Pierre Cardin, Françoise Sagan, São Schlumberger, pour n'en citer que quelques-uns, François-Marie Banier se choisit des secondes familles successives. C'est sa façon à lui de s'élever.

Enfant, l'école, le lycée ne l'intéressent pas. « Je ne crois qu'en une seule forme d'apprentissage, me dit-il : faire les choses soi-même. » Je crois qu'il se rêve en fils d'ouvrier autodidacte capable de se hisser à la force de son talent. Il est obsédé par le désir d'une autre enfance – une enfance au sein de laquelle il ne serait pas maltraité par son père, une enfance où on lui parlerait de la Hongrie, où sa mère serait aimante, attentive, heureuse d'avoir un fils excentrique et imaginatif. Car une chose a manqué à cet artiste durant ses jeunes années : la reconnaissance.

Il n'a que vingt-deux ans quand il publie son premier roman, *Les Résidences secondaires*[1]. Le livre est salué par des plumes aussi prestigieuses que celles André Maurois et Louis Aragon. A-t-il reçu des compliments de ses père et mère ? En 1985, paraît son quatrième roman, *Balthazar, fils de famille*[2]. En prennent-ils connaissance ? Le livre raconte l'histoire d'un fils rejeté par ses parents et qui cherche une reconnaissance auprès d'un antiquaire, d'un noble, d'une riche marraine.

Les siens se sont-ils jamais intéressés à son travail de photographe ? À ces images où passent d'humbles silhouettes, celles des gens de la rue, des gens de peu ; à ces clichés où l'artiste exprime un profond désir de pénétrer ce monde dont il ne sait rien ?

1. Gallimard, 1969 ; coll. « Folio », 1993.
2. Gallimard, 1985 ; coll. « Folio », 1988.

Karl Lagerfeld

Lagerfeld ? Lagerfelt ? Lagerfeldt ? Le patronyme de Karl demeure un mystère. Sa date de naissance aussi. Lui s'en amusait beaucoup. Personne n'avait jamais réussi à découvrir la vérité sur son âge ! C'était incompréhensible. Surtout de nos jours !

J'ai reçu le grand couturier avec une envie de vérité. C'était l'enjeu. Mais lui s'en fichait comme d'une guigne. Dès les premières secondes de l'entretien, il m'a dit d'un ton enjoué, avec la plus grande franchise : « Mon histoire est très différente de ce que l'on sait. Donc, c'est très bien. »

En préparant l'émission, je m'étais cassé les dents sur quantités d'articles contradictoires. Quand ils ne se contredisaient pas, ils étaient incomplets, lacunaires à tout le moins. Beaucoup donnaient carrément des informations fausses. Comment en faire le reproche à mes confrères ? Karl Lagerfeld a passé sa vie à se confectionner un masque, à ouvrir de fausses pistes, à se jouer de l'ombre et de la lumière. Nos vaines investigations devaient faire son régal. Elles n'étaient que de nouvelles pierres apportées à l'édification d'une légende.

Qu'ai-je appris en traversant le miroir avec lui ? Que sa petite enfance fut campagnarde. Qu'il avait grandi à quarante kilomètres de Hambourg, dans une grande propriété entourée de prés et de vaches. Qu'il avait, enfant, deux passions : lire et dessiner. Et qu'à six ans il parlait déjà trois langues : l'allemand, l'anglais et le français.

J'ai cru comprendre aussi que son père, Otto, lui avait donné une éducation très stricte. Autre caractéristique d'Otto : un sens de l'humour limité. Quant à la mère, Elisabeth, elle pratiquait une ironie mordante, drôle et cruelle à la fois. « Elle était cassante, me dit-il. Voire castratrice. Mais c'était toujours pour mon bien. Elle voulait faire de moi un jeune homme droit, bien élevé, capable de réussir. »

Et telle est la seule éducation qui vaille, selon M. Lagerfeld. Sa mère lui répétait : « Fais un effort ou tais-toi. » Phrase qui résume une volonté, une conception de ce qu'il convient de faire avec ses enfants. « Elle n'avait pas de patience, dit Karl. Mais elle avait de l'indulgence. » C'était une mère dont l'amour devait se mériter. Une mère qui continuait de le fasciner quand nous nous sommes rencontrés pour « La Traversée du miroir ».

Le jeune Karl grandit dans un milieu aisé. On le confie à une gouvernante. Son père fait fortune dans le lait concentré et, en dépit de la guerre, la famille ne manque de rien. Difficile de savoir ce que fut la vie des Lagerfeld entre 1940 et 1945. Karl s'en souvient-il seulement ? Impossible de le savoir…

Les vêtements de ses parents, de son père en particulier, furent ses premiers modèles. Otto était très chic. Il emmène son fils chez le tailleur. Dès l'âge de douze ans, Karl ressemble à un jeune dandy : costume, gilet, cravate. Être bien habillé – avoir de beaux habits, comme on disait alors – est un moyen d'affirmer son identité.

Lors de notre échange, il s'est chargé lui-même de décrire ce qu'il portait : ses gants, ses célèbres cols hauts – les mêmes, m'explique-t-il, que ceux de Walter Rathenau. L'homme, juif allemand, fut ministre des Affaires étrangères, avant d'être assassiné en 1922 par un groupe terroriste d'extrême droite.

À la fin de cette autodescription, Karl me dit avec force : « Je ne supporte pas la négligence ! S'agissant de l'habillement, le laisser-aller, c'est le pire de tout. C'est une question de politesse, comprenez-vous ? J'y vois une discipline nécessaire. »

Quand sa vocation a-t-elle pris forme ? Dans ses jeunes années ? A-t-il toujours eu l'ambition de devenir couturier, comme le veut la légende ? Là encore, il me fait des réponses incertaines. Et finit par lâcher un laconique : « À l'adolescence. Quand je suis venu à Paris pour finir le lycée. »

Paris, capitale de la mode. À l'époque, les grands couturiers s'appellent Dior, Givenchy, Balmain. Karl entre dans la carrière à l'occasion d'un concours qu'il remporte dans la catégorie « manteau ». Au même moment, Yves Saint Laurent emporte le même concours dans la catégorie « robe ».

Sur ce point, Karl Lagerfeld avait à cœur de se montrer extrêmement précis. On comprendra plus tard, notamment grâce au livre de Raphaëlle Bacqué, qu'entre ces deux surdoués de la mode il y eut plus qu'une rivalité.

Charlie Bauer

Certains subversifs le sont par leurs engagements : ils s'élèvent contre l'ordre établi, ses valeurs et les institutions qui le protègent. Le XXe siècle fut marqué par les guerres et le totalitarisme, mais aussi par le combat de tous ceux qui avaient à cœur de conquérir ou reconquérir leur liberté, voire de changer le monde.

Tel est le cas de Charlie Bauer, un homme qui aura passé vingt-cinq ans de sa vie en prison, dont neuf dans les quartiers de haute sécurité, ces QHS de sinistre réputation qu'il n'a cessé de dénoncer. Il a rendu son dernier souffle en août 2011 et je l'avais reçu quelques mois plus tôt. C'était un homme intarissable. Il voulait aborder tous les sujets : le communisme, la révolution, la vie en détention, ainsi que ses propres combats, bien sûr.

Quand on le croisait dans la rue, il pouvait « faire peur », comme il le reconnaît lui-même avec un sourire amusé. Il est vrai qu'avec ses longs cheveux bruns, sa barbe noire couvrant des joues émaciées, son regard perçant, il avait un peu l'air d'un démon. Il en avait parfaitement conscience, je n'ai aucun doute là-dessus. Peut-être même avait-il plaisir à cultiver cette image. Mais dès qu'il parlait, son regard s'éclairait.

Le communisme ! Il était tombé dedans quand il était petit car ses parents, des ouvriers juifs, résistants et communistes, militaient dans le quartier de l'Estaque à Marseille. L'enfant avait huit ans quand ils l'ont inscrit à son tour aux Jeunesses communistes. « Ils ne m'ont pas vraiment laissé le choix, raconte Bauer. De toute façon, ils pratiquaient la technique du coup de pied au cul. »

L'idéal révolutionnaire devait se transmettre d'une génération à l'autre, si l'on voulait construire les « lendemains qui chantent ». L'enfant était l'enfant de ses parents, mais aussi du Parti. « Mon enfance, dit-il, c'était une enfance de classe. »

S'il conteste la forme prise par cette éducation, il adhère à l'idéal communiste. C'est même avec une fierté pleine d'émotion qu'il se revoit en costume blanc, la taille ceinte d'une écharpe rouge, coiffé d'une casquette où brillaient la faucille et le marteau. C'est ainsi vêtu qu'il jouait du tambour dans la fanfare du Parti.

Au début des années 1950, militer au Parti signifiait appartenir à une famille, vivre une aventure collective au cours de laquelle on se construisait, on s'élevait entre camarades pour bâtir le monde de demain. C'était de l'éducation au sens étymologique du terme : « faire sortir, élever ». Et tel est le prisme au travers duquel Charlie Bauer a découvert le monde. Dans son entourage, on préférait généralement ne pas voir que le rêve utopique avait été ruiné par les tyrans de Moscou et de Pékin.

Or c'est sur ce point, justement, que Charlie Bauer, à l'âge de quatorze ans, rompt avec son père. Ce dernier restait fermement attaché à Staline. Et l'année 1956 avait vu les députés communistes appuyer le socialiste Guy Mollet en votant les crédits militaires destinés à « pacifier » l'Algérie.

Le jeune Charlie ne comprend pas. Le conflit avec son père prend une tournure violente. En vertu de l'idéal au sein duquel il a grandi, il décide de quitter le Parti et de soutenir l'action du FLN algérien. Mieux, il rejoint ce mouvement. Il participera à des opérations dont la première consiste à attaquer des trains transportant des équipements militaires. « L'idée, dit-il, était de s'emparer des armes et de les refiler aux camarades algériens. »

Avec ses amis, il organise la désertion des appelés qui refusent d'aller combattre un peuple dressé contre l'État colonialiste. Il va au port de Marseille détourner des conteneurs de vivres et de munitions. « Ces opérations se sont soldées par des succès, dit-il. C'est à partir de là que j'ai dérivé vers la délinquance. »

Mais alors, s'agissait-il de « délinquance » ou de « révolution » ? Celle-ci peut-elle se faire dans le respect de la légalité ? La réponse de Bauer est sans équivoque : il agissait en révolutionnaire. « J'utilisais les moyens de la délinquance, mais dans un but révolutionnaire, au nom d'un idéal. » D'ailleurs, le produit de ses larcins et cambriolages sur les docks, dans les magasins de vêtements et les boutiques de luxe, est « redistribué » aux pauvres de l'Estaque, son quartier natal.

Aux yeux de la loi, cependant, Charlie Bauer est un dangereux criminel. Arrêté à l'âge de dix-neuf ans, il est condamné à vingt ans de prison. À peine sorti de l'enfance, il connaît l'enfer. « La prison fabrique des fauves », me dit-il. Le programme de l'administration pénitentiaire, selon lui, c'est « l'éradication de la vie humaine ». Et c'est encore plus vrai au sein des Quartiers de haute sécurité. Ce sera son nouveau combat. C'est d'ailleurs en s'opposant aux QHS qu'il se liera avec Jacques Mesrine.

Pendant la guerre d'Algérie, les deux hommes se seraient sûrement trouvés face à face ; mais dans les années 1970, ils sont côte à côte. Après avoir envisagé d'attaquer des prisons et des QHS, ils décident finalement de braquer des banques. Charlie Bauer, qui a « fait » quatorze ans, est de nouveau condamné à dix ans. Il ne recouvrera la liberté qu'à la fin des années 1980. Entre-temps, Robert Badinter, devenu Garde des Sceaux, aura ordonné la fermeture des QHS dès sa prise de fonction.

Charlie Bauer profite de sa seconde période de détention pour passer des diplômes de philosophie et de sociologie. Il obtient même un doctorat en anthropologie sociale.

« J'assume tout », me dit-il à la fin de notre échange. Mais j'ai le sentiment qu'il a quelques regrets. Les dernières années de sa vie l'ont vu intervenir dans des écoles. Il y témoignait de son parcours, de ses luttes, de ses choix, de ses erreurs. Transmettre : tel était désormais son mode d'action. Sans avoir jamais renié son engagement révolutionnaire, ni les vers de Victor Hugo qui avaient servi, disait-il, de conducteur à sa vie :

Ceux qui vivent, ce sont ceux qui luttent ; ce sont
Ceux dont un dessein ferme emplit l'âme et le front.

L'AVENTURE DES SPORTS

Toutes les impressions qu'on reçoit dans l'enfance, on les conserve jusque dans la vieillesse.

Euripide

Je ne retomberai jamais en enfance, j'y suis toujours resté.

Tristan Bernard

Qui aime la jeunesse aime la mer.

Tennessee Williams

Reims, ma ville natale, fut dans l'après-guerre le berceau du football hexagonal et le premier club français à jouer un rôle important sur la scène européenne.

J'avais huit ans, en 1956, quand le Stade de Reims accéda pour la première fois à la finale de la Coupe d'Europe des clubs, l'ancêtre de l'actuelle Champions League. C'était l'époque des héros : Raymond Kopa, premier ballon d'or français, Just Fontaine, à ce jour toujours meilleur buteur en Coupe du monde, Michel Hidalgo, futur sélectionneur de l'équipe de France entre 1978 et 1984, et bien sûr Albert Batteux, l'entraîneur du club, un homme qui fut le père spirituel d'Aimé Jacquet et, par ricochet, de Didier Deschamps. Jacquet et Deschamps : nos sélectionneurs vainqueurs de la Coupe du Monde en 1998 et 2018 !

Nous n'avions pas de téléviseur à la maison. Quand un match était retransmis, nous allions le voir dans la vitrine d'un magasin, passage Subé. Je me souviens de tout. Reims qui mène 2-0 dès la dixième minute. Les cris de joie. Les visages transis. Et puis la défaite, malgré le dernier but d'un Hidalgo qui nous avait redonné espoir à quelques petites minutes de la fin.

C'était la dernière saison de Raymond Kopa avant qu'il ne rejoigne nos vainqueurs du jour, le Real Madrid. Bien des années plus tard, lorsque je l'ai rencontré dans le cadre de l'émission « L'Esprit du sport », je suis redevenu le gamin que j'étais à l'époque. Avec quelle fierté j'arborais son maillot rouge et blanc – sans sponsors, évidemment ! Nous avons reparlé de cette finale perdue. Il m'impressionnait tant que je me suis bien gardé de lui dire ma tristesse au moment de son départ pour Madrid : c'étaient des orphelins qu'il laissait alors derrière lui.

C'était une autre époque. Un autre football. Un temps où l'esprit du sport n'était pas perverti ni corrompu par l'argent, le marketing et la communication. Cette remarque ne vaut pas seulement pour le ballon rond, du reste. Il en va de même dans le sport automobile ou le rugby. Car le monde de l'*ovalie*, comme disait mon camarade Pierre Albaladejo, subit désormais lui aussi la loi du carnet de chèques et des transferts onéreux. Toutefois, il a su conserver un panache et un esprit qui me plaisent, tant chez les joueurs que chez les supporters. Comment oublier Jean-Pierre Rives, le visage ensanglanté, lors de la victoire du XV de France pendant le Tournoi des Cinq Nations, en 1983 ? Certes, j'étais plus âgé, mais comme beaucoup, je redeviens enfant lorsque je regarde un match de football, de rugby ou de tennis.

Le tennis : encore un sport que je ne me lasse ni de pratiquer ni d'admirer. Depuis plus de quarante ans, je participe au Tournoi des personnalités, ou à celui des journalistes, avec la même passion, la même joie. Et j'ai eu la chance de pouvoir assister à nombre de rencontres et de finales, à Roland-Garros bien sûr, mais aussi à Wimbledon et à Monte-Carlo. J'étais présent aux finales de Coupe Davis remportées par l'équipe de France en 1991 et 1996, mais aussi à celles qui furent perdues face à l'Australie puis la Russie.

Chétif pendant l'enfance, je m'en suis sorti grâce au sport : cyclisme, course à pied, etc. J'ai couru le marathon de New York en 2001 et 2006. Mais le sport qui garde ma préférence, c'est celui que j'ai pratiqué dès l'adolescence : la voile. Par la suite, j'ai eu le bonheur de naviguer avec de grands marins comme Éric Tabarly, Loïck Peyron, Franck Cammas ou encore Yvan Bourgnon et son frère Laurent. Avec Yvan, j'ai réalisé un de mes rêves d'enfant : traverser l'Atlantique lors de la course Québec-Saint-Malo en 1996. Quelle aventure ce fut ! Quelle émotion !

J'ai eu la chance aussi de donner des départs, dont celui des six premiers Vendée Globe aux Sables-d'Olonne. Et que d'êtres hors du commun j'ai pu rencontrer ! Je pense à Titouan Lamazou, mon ami « écrivain de marine », à Olivier de Kersauson, et bien sûr au maître Éric Tabarly, dont Titouan et Olivier furent les seconds et avec lequel je naviguai en Nouvelle-Zélande.

Sportifs et sportives, je les ai tous et toutes admirés dès mon jeune âge. Pour leurs exploits, bien sûr, mais aussi parce qu'ils étaient des modèles dans l'abnégation et le dépassement de soi. Ils donnaient l'exemple d'une volonté, celle d'aller toujours plus loin, plus haut, plus fort. Sans cesse, ils repoussaient les limites et se mesuraient à eux-mêmes, égoïstement, bien sûr, mais aussi pour que chacun de nous puisse en tirer des leçons de vie.

Olivier de Kersauson

J'ai une tendresse particulière pour « l'Amiral » à la proue du *Geronimo*. Partout autour du monde, il défie les tempêtes et dompte les mers. Il dompte aussi les mots.

Je le connais bien. Notre âme bretonne nous réunit. Sous quelques cieux qu'il navigue, j'ai toujours envie de le rejoindre.

Après être devenu à son corps défendant un monument, une figure sculptée dans la roche, il a finalement mouillé l'ancre[1] à Moorea, à quelques milles de Tahiti, à distance des hommes, dans la compagnie des requins blancs. Autrefois silencieux, il accepte plus volontiers, désormais, de se confier. Ou bien était-ce au nom de l'amitié marine ? En tout cas, il a bien voulu traverser le miroir et se souvenir de son enfance.

Il ne m'en voudra pas de le révéler, mais il se trouve que le Breton le plus populaire de France n'est pas né en Bretagne ! Il a vu le jour à Bonnétable, dans la Sarthe. Cette vérité l'a toujours contrarié. Quand j'en réveille malicieusement le souvenir, l'insubmersible Kersauson, baissant son regard bleu, prend des airs de gamin vexé. Ça le rend triste, de songer que sa terre de naissance n'est pas bordée par les flots. Mais il est né

1. Oui, *mouiller* et non pas *jeter*, comme nous le rappelle *Le Miroir de la mer,* de Joseph Conrad, l'ancre n'étant pas un détritus dont on se débarrasse.

en 1944, en pleine guerre, et il n'était pas facile, pour les femmes, d'accoucher entre deux bombardements, ceux des Allemands et ceux des Alliés.

Dès la fin du conflit, la famille a regagné ses pénates. C'est le bord de l'océan qui sert de décor aux premiers émerveillements du jeune Olivier : l'odeur des embruns, le bruit des eaux, l'immensité des choses. Il se rappelle parfaitement le jour où il a pris la mer pour la première fois. Embarqué sur un bateau de cinq mètres, il a fait la traversée entre Locquirec et Locquémeau, au nord du Finistère. « J'ai vraiment eu l'intuition ce jour-là, me dit-il, d'être à ma place sur le bord bleu du monde. »

Oui, c'est là qu'il devait être ; nulle part ailleurs sur terre il ne se sentirait aussi bien, aussi plein de vie. Il refera cette même traversée cinquante-cinq ans plus tard, histoire de recréer l'instant magique, comme nous le faisons tous quand nous arpentons les rues ou les forêts de notre enfance, pour tenter d'arracher au passé des sensations premières.

Son regard, ce jour-là, s'est tourné vers la mer. Il ne changerait plus d'avis. La terre, désormais, très peu pour lui. La terre : cet accident maritime.

Les études ne l'intéressent pas. D'ailleurs, quand on est en classe, on ne voit pas les vagues. Il n'a pas été un élève turbulent ni rebelle. Mais il est plusieurs fois exclu du lycée. Douze fois, pour être exact. Souhaitant fuir l'ennui, il trouve refuge dans les bibliothèques. Lire, pour lui, c'est tracer sa propre route. Il attend sa majorité, convaincu qu'il saura rompre les amarres et cesser d'obéir. Rompre : c'est selon lui la condition *sine qua non* pour apprécier la compagnie des hommes, autrement dit pour voir en eux le meilleur.

Quelques années plus tard, Éric Tabarly le choisit comme second. Le «patron», comme il l'appelle. Le maître. L'homme dont il brossera ce portrait dans un livre :

Des lèvres minces d'où ne sortaient que des phrases coupantes, un sens romain de la concision et une œuvre qui restera. Éric a forcé l'admiration de plusieurs générations et condensé les plus grands chapitres de la voile hauturière. J'ai eu la chance formidable de parfaire mon métier avec un homme doué, on l'a peut-être oublié, d'une grande force créatrice[1].

Il m'a parlé d'un bonheur pur, celui d'apprendre au contact de Tabarly, seul maître, sans doute, à pouvoir lui dispenser un enseignement. Les souvenirs de cet apprentissage lui donnaient un regard d'enfant. Tabarly, c'était l'intelligence et la passion – la vie n'aurait pu lui donner meilleur guide.

Sa mort bouleverse encore Kersauson. Cette prétendue «belle mort»! La mort rêvée, paraît-il, pour un navigateur... Ces commentaires le mettent hors de lui. «Il n'y a pas de belle mort, m'a-t-il dit. Il n'y a que de belles vies. Ça n'existe pas, une belle mort.» Et d'insister: «La mort, c'est obscène.»

Lui-même l'a frôlée plus d'une fois. Il y revient à la fin de son livre :

J'ai compris que je mourrai seul. C'est un geste d'amour, de tenir la main de celui qui se débat dans les affres de la mort. Je ne me fais pas d'illusions : je finirai seul. Je suis accroché à ma solitude. Cela ne signifie pas que je suis complètement fermé à l'amitié, mais c'est mon plaisir d'être seul, comme c'est mon plaisir de naviguer[2].

---

1. *Ocean's Songs*, Le Cherche Midi, 2008.
2. *Ibid.*

Cette solitude lui est chère. C'est en elle qu'il se trouve. Grâce à elle, il peut retrouver avec joie la compagnie des hommes.

Et puisque Olivier de Kersauson est féru de littérature, qu'il me permette de faire un rapprochement entre certaines pages d'*Ocean's Song* et une ode à la mer vieille de cent quarante ans, tirée des *Chants de Maldoror* (1868) d'Isidore Ducasse, comte de Lautréamont :

Vieil Océan, aux vagues de cristal, tu ressembles proportionnellement à ces marques azurées que l'on voit sur le dos meurtri des mousses ; tu es un immense bleu fait sur le corps de la Terre. Je te salue, vieil Océan ! [...] *Tu es plus beau que la nuit. Réponds-moi, Océan, veux-tu être mon frère ?*

Lilian Thuram

À la fin de notre conversation, quand j'ai demandé à Lilian Thuram le titre du roman, du film ou de la pièce de théâtre qui résumerait le mieux sa vie, il a répondu : « *Jonathan Livingston le goéland*, de Richard Bach[1]. » Et il a ajouté pour éclairer ce choix : « C'est un livre qui m'inspire depuis tout petit. Il m'a appris à toujours repousser mes limites. En tant que jeune garçon, d'abord, puis comme footballeur, et finalement en tant qu'homme, tout simplement. »

Il faut bien reconnaître qu'en France les sportifs, les footballeurs en particulier, sont plus appréciés pour leurs capacités physiques que pour leurs performances intellectuelles… Il suffit de relire Léon Bloy : à l'aube du XXe siècle, cet auteur décrivait le sport comme une fabrique de « crétins malfaisants », tout juste utiles à divertir les masses[2]. Heureusement, la science a démontré le contraire : on sait depuis plusieurs décennies que la pratique du sport favorise le développement de l'esprit et, en général, les capacités cognitives.

---

1. Flammarion, 1973 ; J'ai Lu, 2000.
2. « Je pense fermement que le sport est le plus sûr moyen de produire une génération de crétins malfaisants. » Réponse à l'enquête de Georges Casella, *Le Sport et l'Avenir. Opinion des écrivains contemporains sur l'influence sociale des sports* (Paris, A. Z. Mathot, 1910).

Beaucoup se sont étonnés d'entendre Lilian Thuram, à la fin de sa carrière, s'exprimer sur d'autres sujets que le foot. Tout de même ! Il n'avait pas attendu d'approcher la quarantaine pour se mettre à penser.

Dès l'âge de huit ans, il comprend qu'il lui appartient de décider de ce que sera sa vie. Il réside alors en Guadeloupe, où il est né. Sa mère élève seule cinq enfants. Elle leur apprend un jour qu'elle doit partir travailler « en métropole », afin de leur assurer un avenir. Elle promet de revenir les chercher dès qu'elle aura économisé l'argent nécessaire. Alors ils repartiront tous ensemble pour ne plus se quitter.

Lilian – Lico, comme on l'appelle dans la famille – est extrêmement attristé. Mais il comprend. Il comprend parce qu'il a la promesse de sa mère. Il a confiance en sa parole. Il sait qu'elle ne les trahira pas. Et en effet, le courrier apporte bientôt des enveloppes contenant des nouvelles et de l'argent.

À mesure que le temps passe, le garçon prend conscience du sacrifice de leur mère, du courage qu'il faut pour vivre et bosser dur loin de ses enfants. Dans ses lettres, toutefois, elle ne cesse de vanter la vie à Paris. À l'entendre, un paradis les attend en France. Elle a hâte de les avoir à nouveau auprès d'elle. Le jeune Lilian aussi. Il admire cette femme. Leurs retrouvailles auront lieu au bout d'un an.

L'existence n'était pourtant pas si dure à Anse-Bertrand, en Guadeloupe ! « C'était une vie simple et légère, raconte Thuram. L'école, les parties de foot… »

Il se place sous la protection de son frère aîné. Son père, il ne le connaît pas, ou si peu. Est-ce à cause de cet homme que leur mère a décidé de quitter l'île avec sa couvée ? « C'est possible, dit-il. Des histoires d'adultes. Maman n'en parlait pas. Elle ne disait jamais de mal de mon père. »

Lilian, ses frères et ses sœurs s'établissent d'abord à Bois-Colombes, puis à Avon, près de Fontainebleau, où ils habiteront à la cité des Fougères. Nous sommes en 1982. Le futur athlète a neuf ans. Le décor de ses jours ressemble désormais à un village international où cohabitent des gens venus d'Espagne, du Portugal, du Maghreb, du Mali, du Cameroun, de Côte-d'Ivoire, du Zaïre, du Liban… Les adultes discutent au pied des immeubles. Les enfants jouent dans le bac à sable, entre deux arbres ou sous les murs du bâtiment. Le bitume est le terrain de tous leurs exploits. La Coupe du monde se gagne en dribblant le chiendent. Lilian est-il Janvion, Genghini, Trésor ou Platini ? Probablement tous en même temps. Même s'il joue milieu offensif pour le club local des Portugais de Fontainebleau.

Une chose a changé : il joue désormais en baskets. En Guadeloupe, c'était pieds nus qu'il tapait dans le ballon, pour ne pas abîmer ses souliers d'écolier. Autre changement : le comportement des copains. À l'école, la famille de Thuram intrigue : elle se compose de cinq enfants nés de cinq pères différents. Et la mère est femme de ménage. Comment fait-elle pour s'en sortir ?

Dans la cour de récréation, on le surnomme « la Noiraude », comme la vache du programme télévisé pour enfants. La vache blanche est intelligente, la vache noire est stupide… L'épisode aujourd'hui le fait sourire, mais je devine qu'il en a souffert. « J'en ai parlé à ma mère, me dit-il. Elle m'a répondu que c'était du racisme et que ça ne changerait pas. »

C'est alors qu'il commence à comprendre le sens de ce mot : *racisme*. À comprendre l'enjeu de certaines plaisanteries de mauvais goût. Et aussi ce qu'implique ce problème pour son avenir à lui. Il ne se satisfait pas de la réaction évasive de sa mère. Et il en veut à ses camarades. Dès lors, il ne sera plus le même. Il a compris qu'il va devoir en faire toujours plus, à l'école comme avec un ballon, s'il espère pouvoir se distinguer et administrer la preuve qu'il n'est pas un être inférieur.

De son propre aveu, il était « loin d'être le meilleur » au foot. « En tout cas, dit-il, beaucoup me semblaient plus forts. » Il rejoint les Cadets nationaux de Melun. Il y sera repéré par le club de Rennes, puis par l'A.S. Monaco, qui souhaite l'intégrer à son centre de formation. Dans un premier temps, sa mère s'oppose à cette aventure qu'elle juge incertaine et source de déceptions. Mais les deux frères de Lilian entreprennent de la convaincre. Elle finit par céder, non sans faire promettre à son fils de passer le bac.

Lilian Thuram entre à dix-sept ans au centre de formation de Monaco. Il est ravi de voir la mer, lui qui ne partait jamais en vacances. Mais dès son arrivée sur le Rocher, il est victime d'une blessure. « J'ai compris que le foot, ça tient à un rien. » Sa carrière va-t-elle s'interrompre avant même d'avoir commencé ? Le joueur est pris en charge par l'entraîneur, un certain Arsène Wenger... et devient dès la saison suivante un des espoirs du football français. Il se chargera de confirmer lui-même ce pronostic en inscrivant les deux seuls buts marqués par lui en équipe de France, contre la Croatie, en demi-finale de la Coupe du monde 1998.

J'étais au stade lors de ce match mémorable. Mais c'est en l'écoutant parler durant l'émission que j'ai vraiment pris conscience de la volonté qui est la sienne. Ce qui s'est exprimé dans ces deux tirs, c'est une rage de vivre et de vaincre comme on en rencontre peu. La rage d'un homme qui n'a jamais oublié, me dit-il, « le petit garçon qui prépare son sac de foot le samedi ».

Jeannie Longo

Elle aussi est animée par la rage de vaincre, comme en témoignent son exceptionnelle longévité et son palmarès. Depuis son premier titre de championne du Dauphiné à vingt et un ans, en 1979, Jeannie Longo a remporté plus de mille victoires et établi trente-huit records du monde. Elle totalise cent neuf médailles, dont cinquante et un championnats de France, piste et route confondus, trois Tours de France féminins, treize titres de championne du monde et une médaille d'or olympique à Atlanta en 1996 : elle avait trente-huit ans et cette récompense restera la plus belle de toutes.

Elle était âgée de cinquante-deux ans quand je l'ai reçue. Je lui ai demandé si elle envisageait d'ajouter une ligne à la liste de ses exploits, la dernière peut-être. Elle m'a souri comme une gamine qui prépare un mauvais coup, avant de répondre qu'elle était tentée par le championnat de France du contre-la-montre. Un an plus tard, elle remportait cette épreuve.

Mais qu'est-ce qui fait courir Jeannie Longo depuis quatre décennies ? S'agit-il d'une vocation révélée très jeune ? A-t-elle eu pour modèle, pour idole, un coureur ou une coureuse cycliste ? Cela vient-il de sa famille, où l'amour de la petite reine se transmettait de génération en génération ?

Rien de tout cela. Comme beaucoup d'enfants, Jeannie a enfourché un petit vélo, mais ce n'est pas ce qui a éveillé en elle le désir soudain de passer sa vie à pédaler. C'est du côté de la légende que la réponse doit être cherchée. « Une légende certainement vraie », plaisante-t-elle à moitié.

L'épisode remonte à l'année de ses quatre ans et à ce jour où, paraît-il, elle aurait de son propre chef enlevé les petites roues à l'arrière de sa bicyclette, avant de se remettre en selle et de rouler tranquillement sur deux roues, comme une grande. Que ce récit soit authentique ou non, quelle importance ? Dans le sport, c'est comme dans l'Ouest américain : quand la légende est plus forte que l'Histoire, on imprime la légende.

L'histoire, la vraie, commence à Saint-Gervais-les-Bains, au pied du Mont-Blanc, face aux pistes enneigées, au cœur d'un environnement de rêve. L'air est pur, la nature omniprésente. On va en classe à pied ou à vélo, on fait de longues randonnées en montagne, dans les paysages grandioses des Alpes de Haute-Savoie. Le décor de cette enfance est une carte postale.

Les parents sont aux petits soins pour la fillette et ses sœurs. Le père dirige une entreprise de travaux publics et la mère est institutrice. Mais cette maman-là est aussi une femme passionnée de sport, qui pratique l'athlétisme – elle excelle dans le lancer du poids et du disque. Ses filles la voient comme une réincarnation de Micheline Ostermeyer, double médaille d'or olympique à Londres en 1948.

La petite Jeannie Longo ne tarde pas à faire du sport une pratique quotidienne. Elle marche, bien sûr. Mais faire du ski est pour elle la plus naturelle des activités – c'est souvent le cas des enfants nés au pied des pistes. Elle participe à des compétitions de ski durant toute son enfance et toute son adolescence, dévalant les pentes de décembre à avril. « Avec en plus l'envie de gagner », me dit-elle.

À quinze ans, elle est championne de France scolaire cadette par équipe. À dix-sept, elle renouvelle l'exploit en individuel. Elle sera championne universitaire en 1979, alors même qu'elle suit des études de droit et d'économie du sport.

Depuis son plus jeune âge, elle a une tête bien faite. Elle est entrée à l'école élémentaire en sachant lire, écrire et compter. Et comme elle avait l'intention d'apprendre à manier les chiffres et les lettres aussi bien qu'elle skiait, elle ne cessait de solliciter sa mère qui lui répondait patiemment, tout en continuant à faire la cuisine. À l'école, puis au collège, les récompensent s'accumuleront. « Mais au lycée, dit-elle, ça n'a pas duré. »

Elle s'engage pourtant dans des études supérieures, avec pour projet de reprendre l'entreprise paternelle. En effet, malgré son excellent niveau, elle n'a pu intégrer l'équipe de France de ski. Cuisante déception. Je sens, au cours de l'entretien, que la blessure n'est pas complètement refermée : l'éternel sourire de Jeannie, à cet instant, cache une vraie tristesse.

Heureusement, comme beaucoup de sportifs de haut rang, elle brillera dans d'autres disciplines. Et notamment en cyclisme. Voilà des années qu'elle fait du vélo entre les saisons de ski. Elle se sait douée. Elle a l'endurance, l'explosivité. Du coup, les résultats ne se font pas attendre : elle remporte son premier titre en 1979.

Mais le vrai déclic viendra avec les Jeux olympiques de 1984 : ce sera le vélo et rien d'autre. Pour la première fois, cette année-là, le cyclisme est ouvert aux athlètes féminines. Jeannie y voit une source de motivation : l'envie de gagner en tant que sportive s'accompagne d'un désir d'exister en tant que femme.

Ce double défi fera d'elle la première championne cycliste de l'histoire. Petite fille, elle avait rêvé de devenir bergère ; l'heure était venue pour elle, désormais, de gravir les montagnes.

Jean-Pierre Rives

Casque d'or, comme l'a surnommé le commentateur Roger Couderc, fut trente-quatre fois capitaine de l'Équipe de France de rugby et deux fois vainqueur du Tournoi des Cinq Nations avec grand chelem. Mais ce n'est pas seulement un immense rugbyman. C'est aussi quelqu'un qui a *pensé* son sport. Tout au long de sa carrière, puis au cours de sa retraite, il fut une conscience du rugby et le dépositaire d'une tradition, d'un jeu pluriséculaire transmis d'une génération à l'autre. Il le dit lui-même : « Le rugby ne s'apprend pas, il se transmet. »

Ce sport est l'école du partage, de la solidarité, de la fraternité, de la responsabilité et du don de soi. Sur un terrain de rugby, le joueur est au service du collectif : c'est ce qui fonde et structure le jeu. Selon Rives, ce sont ces principes et ces valeurs qui, plus que la dimension strictement sportive, font d'abord sens pour les joueurs. Enseigner le rugby, c'est enseigner ces valeurs.

Je me suis étonné, au cours de notre échange, de l'entendre employer le mot « maître » pour parler des entraîneurs qui l'ont dirigé. « Ils ont contribué au travers du jeu à faire de moi un meilleur homme », me répond-il.

Né et élevé à Toulouse, en pleine terre française du rugby, c'est plutôt le tennis qui a marqué son enfance. C'était le sport pratiqué par son père. Le petit

Jean-Pierre a eu très tôt une raquette entre les mains. On lui prédisait déjà une carrière professionnelle. « Pour mes parents, me dit-il, une formation sportive était aussi importante que l'école. »

Il a donc reçu une éducation « à l'anglaise », sans aucune hiérarchie entre ce qui se transmet en classe et ce qui se vit sur le terrain, à l'entraînement, lors des matchs ou dans les vestiaires. « L'important, c'est de savoir partager. » Entendre : son savoir aussi bien que son toucher de balle. Ces notions ont marqué toute son enfance.

« Nous n'étions pas nombreux, me dit-il, à avoir des parents si ouverts d'esprit. » Ouverts d'esprit et, dirais-je, quasi révolutionnaires ! Nous vivons en effet dans un pays qui regarde encore le sport comme une activité annexe – sauf en cas de victoire, bien sûr.

Mais au grand dam de son père, le jeune Jean-Pierre Rives ne brille guère sur les courts de tennis. Il est lymphatique, il se traîne… Le père finit par s'énerver : « Puisque c'est comme ça, tu iras jouer au rugby ! Tu y prendras des claques, ça te réveillera ! Ça te donnera de l'énergie pour taper dans la balle. »

En bon petit Toulousain, Jean-Pierre a déjà touché un ballon ovale. Hélas ! le tempérament lymphatique du sportif en herbe ne disparaît pas sur le terrain. Seul résultat visible : le rugby devient sa passion. « Mon père était désespéré ! », me dit Jean-Pierre, hilare.

Le rire de Jean-Pierre Rives étant communicatif, nous nous retrouvons tous les deux à nous tenir les côtes, comme deux gamins qui viennent de faire une sale blague. Quel bonheur de pouvoir vivre des échanges de cette qualité ! C'est la vraie raison qui m'a amené à faire ce métier : le plaisir de la rencontre et du dialogue, l'amitié humaine qui se noue dans l'espace d'une poignée de secondes.

Rives connaît son premier club à l'âge de quinze ans, en 1967. Il jouera son dernier match professionnel avec le Racing Club de France en 1986. Aujourd'hui, avec le recul, il sait qu'il n'a pas choisi ce sport parce qu'il y était performant ; il l'a choisi pour le supplément d'âme qu'il savait pouvoir y trouver. Écoutons-le : « Les émotions collectives nous rendent plus intelligents. Quand des hommes se réunissent autour d'un but commun, quand ils jettent dans la bataille tout leur cœur, tout leur physique et toute leur âme, c'est magique. »

Cette vérité vaut pour le sport comme elle vaut dans la vie.

Titouan Lamazou

C'est avant tout un artiste. Il le dit lui-même : la navigation est une discipline artistique. Le bateau est l'outil dont le marin se sert pour écrire, dessiner ou peindre sa vie.

Titouan Lamazou a fait des mers, des océans et des terres lointaines le moteur et le sujet de son inspiration. Son but est de découvrir de nouveaux espaces et d'exprimer des sensations. Décrire, il n'aime pas trop ; commenter, encore moins. Peindre, oui.

L'année de sa naissance, 1955, coïncide avec la parution de *Tristes Tropiques*[1], de l'ethnologue Claude Lévi-Strauss, livre inclassable et célèbre au surprenant incipit : « Je hais les voyages et les explorateurs. » Faut-il y voir un signe ? Peut-être. En tout cas, l'enfance de Titouan Lamazou est une enfance de l'ailleurs.

Il a vu le jour à Casablanca, où son père exerçait comme ingénieur dans le domaine pétrolier. Son prénom de naissance est Antoine, mais on l'a appelé Titouan, par allusion à la ville marocaine de Tétouan. Il était encore très jeune quand sa famille est revenue s'établir dans le Sud-Ouest, près de Pau, où les Lamazou avaient leurs racines.

Quand je demande à mon invité si son prénom n'est pas déjà une invitation au voyage, il confirme : « Le goût m'en est probablement venu dès mes premières

1. Plon, coll. « Terre humaine », 1955 ; Pocket, 2001.

années. » Goût du voyage, goût du mouvement… Ses premiers souvenirs se composent de balades à cheval, de randonnées dans les Pyrénées, de sorties à vélo au Pays basque.

Mais à l'âge de onze ans, l'enfant est cloué au lit par trois fractures successives. Les paysages, il doit désormais les contempler par la fenêtre. « Qu'à cela ne tienne ! Mon regard, ma mémoire et mon imaginaire seront mes jambes et mon crayon ! » L'enfant en est convaincu : il sera peintre ou ne sera pas.

Le collège, le lycée sont vécus comme une peine nécessaire. Titouan attend son heure. Le moment où il pourra dire qu'il s'en va. Enfin !

À seize ans, il quitte le lycée pour s'inscrire aux Beaux-Arts d'Aix-en-Provence. Il y sera gagné par l'ennui. Par chance, la rencontre avec un professeur lui ouvre des horizons. Il n'a que dix-neuf ans quand il décide de partir.

Le jeune homme, qui n'a jamais appris la navigation, met le cap à l'ouest en bateau-stop. Il gagne les Baléares, puis les Canaries, et enfin les Antilles. Il sait maintenant que son milieu est celui de la mer et des marins. Aux navigateurs devenus ses amis, il s'ouvre d'un souci fort terre à terre : le service militaire l'appelle sous les drapeaux. Comment échapper à cette épreuve ? Ils lui parlent d'un militaire avec qui ils naviguent, un certain Tabarly. « Ils disaient que c'était un mec bien, raconte Titouan Lamazou. Ils m'ont proposé de lui toucher un mot de mon problème. »

Titouan a beaucoup de chance. C'est vrai : Éric Tabarly est un mec bien. Mais surtout, la Marine nationale lui offre la possibilité de prendre avec lui des équipiers recrutés dans le contingent d'appelés. Le piston fonctionne à merveille et, quelques jours plus tard, Titouan embarque sur le bateau du «patron», le *Pen Duick VI*! «J'ai été formé pendant deux ans et demi, raconte Lamazou, par le plus grand professeur des universités maritimes qui soit. C'était l'enseignement par l'exemple.»

Avec Tabarly, il fait le tour du monde; la mer le forme à la discipline et à l'humilité. Il a le sentiment d'accomplir son rêve. Tout en apprenant à naviguer, il remplit ses carnets de dessins, réalise même des illustrations pour les textes du patron. Il navigue, oui, mais c'est pour raconter le monde.

Que serait-il advenu de Titouan Lamazou si Éric Tabarly ne l'avait pas accueilli à son bord? Aurait-il choisi d'être insoumis? «Oui. C'est ce que j'aurais fait. J'aurais eu une tout autre vie. Mais je sais que le désir de courir le monde ne m'aurait pas quitté.»

Il a vingt ans lors de cette expérience. Quelque quinze ans plus tard, il remporte la première édition du Vendée Globe, la première course autour du monde et sans escale. Interrogé sur cette traversée, il répond: «Je retiendrai l'expérience plus que la performance.» L'expérience du «petit garçon» naguère nourri de compétition, donc de risque, mais aussi d'aspiration à la gloire. «Or la gloire, dit-il, c'est vain.»

À trente-six ans, avec la navigatrice Florence Arthaud, il crée une nouvelle course: le trophée Jules-Verne. Puis il se lance dans un projet pharaonique, la construction du *Tag Heuer*, le plus grand monocoque jamais réalisé en matériaux composites. Hélas! le bateau coule au bout de quinze jours… Épreuve douloureuse et, en un sens, fondatrice: l'heure est venue pour Titouan Lamazou, après les sacres et les victoires, de donner à sa vie une autre expression.

Désormais il peint, il voyage et, ensemble, nous partageons le verre des Écrivains de marine.

L'enfant a cassé son jouet. Non par caprice ! Parce qu'il a grandi. C'est une autre joie qu'il recherche à présent. Une autre utopie. Le véritable ailleurs qui n'appartient qu'à l'imagination des enfants.

Table

Du même auteur

Récits

Nostalgie des choses perdues, L'Archipel, 2014 ; Archipoche, 2019.

Seules les traces font rêver, Robert Laffont, 2013.

L'Expression des sentiments, Stock, 2011.

Tenir et se tenir, Presses de la Renaissance, 2010.

À demain ! En chemin vers ma liberté, Fayard, 2008.

Aimer c'est agir, Fayard, 2007.

Frères et Sœur, Fayard, 2007.

Confessions, Fayard, 2005.

Elle n'était pas d'ici, Albin Michel, 1995.

Lettres à l'absente, Albin Michel, 1993.

L'Homme d'image, Flammarion, 1992.

Les Femmes de ma vie, Grasset, 1988.

Essais

Les Rats de garde (avec Éric Zemmour), Stock, 2000.

Lettre ouverte aux violeurs de vie privée, Albin Michel, 1997.

Rencontres, Lattès, 1987.

Mai 68-mai 78, Seghers, 1978.

Biographies

Héros des mers (avec Olivier Poivre d'Arvor), Place des Victoires, 2017.

Saint Exupéry, le cartable aux souvenirs, Michel Lafon, 2016.

Hemingway, la vie jusqu'à l'excès, Arthaud, 2011.

Lawrence d'Arabie (avec Olivier Poivre d'Arvor), J'ai Lu-images, 2009.

Horizons lointains, éditions du Toucan, 2008.

Le Monde selon Jules Verne (avec Olivier Poivre d'Arvor), Mengès, 2005.

Rêveurs des mers (avec Olivier Poivre d'Arvor), Mengès, 2005.

La Légende de Mermoz et de Saint Exupéry (avec Olivier Poivre d'Arvor), Mengès, 2004.

Cet ouvrage a été composé
par Soft Office (à Eybens)

Achevé d'imprimer sur Roto-Page
par l'Imprimerie Floch à Mayenne
en septembre 2019
pour le compte des éditions de l'Archipel,
département éditorial
de la S.A.S. Écriture-Communication

Imprimé en France
N° d'impression : 95018
Dépôt légal : octobre 2019